中国古代名帝

陈 娇 编著

中国商业出版社

图书在版编目（CIP）数据

中国古代名帝／陈娇编著. -- 北京：中国商业出版社，2014.12（2022.1重印）
ISBN 978-7-5044-8505-2

Ⅰ.①中… Ⅱ.①陈… Ⅲ.①皇帝-生平事迹-中国-古代 Ⅳ.①K827=2

中国版本图书馆 CIP 数据核字（2014）第 299293 号

责任编辑：刘洪涛

中国商业出版社出版发行
010-63180647　www.c-cbook.com
（100053 北京广安门内报国寺 1 号）
新华书店经销
三河市吉祥印务有限公司印刷
＊
710 毫米×1000 毫米　16 开　12.5 印张　200 千字
2014 年 12 月第 1 版　2022 年 1 月第 2 次印刷
定价：25.00 元
＊　＊　＊
（如有印装质量问题可更换）

《中国传统民俗文化》编委会

主　编　傅璇琮　著名学者，国务院古籍整理出版规划小组原秘书长，清华大学古典文献研究中心主任，中华书局原总编辑

顾　问　蔡尚思　历史学家，中国思想史研究专家
　　　　卢燕新　南开大学文学院教授
　　　　于　娇　泰国辅仁大学教育学博士
　　　　张骁飞　郑州师范学院文学院副教授
　　　　鞠　岩　中国海洋大学新闻与传播学院副教授，中国传统文化研究中心副主任
　　　　王永波　四川省社会科学院文学研究所研究员
　　　　叶　舟　清华大学、北京大学特聘教授
　　　　于春芳　北京第二外国语学院副教授
　　　　杨玲玲　西班牙文化大学文化与教育学博士

编　委　陈鑫海　首都师范大学中文系博士
　　　　李　敏　北京语言大学古汉语古代文学博士
　　　　韩　霞　山东教育基金会理事，作家
　　　　陈　娇　山东大学哲学系讲师
　　　　吴军辉　河北大学历史系讲师

策划及副主编　王　俊

序　言

　　中国是举世闻名的文明古国,在漫长的历史发展过程中,勤劳智慧的中国人创造了丰富多彩、绚丽多姿的文化。这些经过锤炼和沉淀的古代传统文化,凝聚着华夏各族人民的性格、精神和智慧,是中华民族相互认同的标志和纽带,在人类文化的百花园中摇曳生姿,展现着自己独特的风采,对人类文化的多样性发展做出了巨大贡献。中国传统民俗文化内容广博,风格独特,深深地吸引着世界人民的眼光。

　　正因如此,我们必须按照中央的要求,加强文化建设。2006年5月,时任浙江省委书记的习近平同志就已提出:"文化通过传承为社会进步发挥基础作用,文化会促进或制约经济乃至整个社会的发展。"又说,"文化的力量最终可以转化为物质的力量,文化的软实力最终可以转化为经济的硬实力。"(《浙江文化研究工程成果文库总序》)2013年他去山东考察时,再次强调:中华民族伟大复兴,需要以中华文化发展繁荣为条件。

　　正因如此,我们应该对中华民族文化进行广阔、全面的检视。我们应该唤醒我们民族的集体记忆,复兴我们民族的伟大精神,发展和繁荣中华民族的优秀文化,为我们民族在强国之路上阔步前行创设先决条件。实现民族文化的复兴,必须传承中华文化的优秀传统。现代的中国人,特别是年轻人,对传统文化十分感兴趣,蕴含感情。但当下也有人对具体典籍、历史事实不甚了解。比如,中国是书法大国,谈起书法,有些人或许只知道些书法大家如王羲之、柳公权等的名字,知道《兰亭集序》

是千古书法珍品,仅此而已。

再如,我们都知道中国是闻名于世的瓷器大国,中国的瓷器令西方人叹为观止,中国也因此获得了"瓷器之国"(英语 china 的另一义即为瓷器)的美誉。然而关于瓷器的由来、形制的演变、纹饰的演化、烧制等瓷器文化的内涵,就知之甚少了。中国还是武术大国,然而国人的武术知识,或许更多来源于一部部精彩的武侠影视作品,对于真正的武术文化,我们也难以窥其堂奥。我国还是崇尚玉文化的国度,我们的祖先发现了这种"温润而有光泽的美石",并赋予了这种冰冷的自然物鲜活的生命力和文化性格,如"君子当温润如玉",女子应"冰清玉洁""守身如玉";"玉有五德",即"仁""义""智""勇""洁";等等。今天,熟悉这些玉文化内涵的国人也为数不多了。

也许正有鉴于此,有忧于此,近年来,已有不少有志之士开始了复兴中国传统文化的努力之路,读经热开始风靡海峡两岸,不少孩童以至成人开始重拾经典,在故纸旧书中品味古人的智慧,发现古文化历久弥新的魅力。电视讲坛里一拨又一拨对古文化的讲述,也吸引着数以万计的人,重新审视古文化的价值。现在放在读者面前的这套"中国传统民俗文化"丛书,也是这一努力的又一体现。我们现在确实应注重研究成果的学术价值和应用价值,充分发挥其认识世界、传承文化、创新理论、资政育人的重要作用。

中国的传统文化内容博大,体系庞杂,该如何下手,如何呈现?这套丛书处理得可谓系统性强,别具匠心。编者分别按物质文化、制度文化、精神文化等方面来分门别类地进行组织编写,例如,在物质文化的层面,就有纺织与印染、中国古代酒具、中国古代农具、中国古代青铜器、中国古代钱币、中国古代木雕、中国古代建筑、中国古代砖瓦、中国古代玉器、中国古代陶器、中国古代漆器、中国古代桥梁等;在精神文化的层面,就有中国古代书法、中国古代绘画、中国古代音乐、中国古代艺术、中国古代篆刻、中国古代家训、中国古代戏曲、中国古代版画等;在制度文化的层面,就有中国古代科举、中国古代官制、中国古代教育、中国古代军队、中国古代法律等。

　　此外,在历史的发展长河中,中国各行各业还涌现出一大批杰出人物,至今闪耀着夺目的光辉,以启迪后人,示范来者。对此,这套丛书也给予了应有的重视,中国古代名将、中国古代名相、中国古代名帝、中国古代文人、中国古代高僧等,就是这方面的体现。

　　生活在21世纪的我们,或许对古人的生活颇感兴趣,他们的吃穿住用如何,如何过节,如何安排婚丧嫁娶,如何交通出行,孩子如何玩耍等,这些饶有兴趣的内容,这套"中国传统民俗文化"丛书都有所涉猎。如中国古代婚姻、中国古代丧葬、中国古代节日、中国古代民俗、中国古代礼仪、中国古代饮食、中国古代交通、中国古代家具、中国古代玩具等,这些书籍介绍的都是人们颇感兴趣、平时却无从知晓的内容。

　　在经济生活的层面,这套丛书安排了中国古代农业、中国古代经济、中国古代贸易、中国古代水利、中国古代赋税等内容,足以勾勒出古代人经济生活的主要内容,让今人得以窥见自己祖先的经济生活情状。

　　在物质遗存方面,这套丛书则选择了中国古镇、中国古代楼阁、中国古代寺庙、中国古代陵墓、中国古塔、中国古代战场、中国古村落、中国古代宫殿、中国古代城墙等内容。相信读罢这些书,喜欢中国古代物质遗存的读者,已经能掌握这一领域的大多数知识了。

　　除了上述内容外,其实还有很多难以归类却饶有兴趣的内容,如中国古代乞丐这样的社会史内容,也许有助于我们深入了解这些古代社会底层民众的真实生活情状,走出武侠小说家加诸他们身上的虚幻的丐帮色彩,还原他们的本来面目,加深我们对历史真实性的了解。继承和发扬中华民族几千年创造的优秀文化和民族精神是我们责无旁贷的历史责任。

　　不难看出,单就内容所涵盖的范围广度来说,有物质遗产,有非物质遗产,还有国粹。这套丛书无疑当得起"中国传统文化的百科全书"的美誉。这套丛书还邀约大批相关的专家、教授参与并指导了稿件的编写工作。应当指出的是，这套丛书在写作过程中，既钩稽、爬梳大量古代文化文献典籍，又参照近人与今人的研究成果，将宏观把握与微观考察相结合。在论述、阐释中，既注意重点突出，又着重于论证层次清晰，从多角度、多层面对文化现象与发展加以考察。这套丛书的出版，有助于我们走进古人的世界，了解他们的生活，去回望我们来时的路。学史使人明智，历史的回眸，有助于我们汲取古人的智慧，借历史的明灯，照亮未来的路，为我们中华民族的伟大崛起添砖加瓦。

　　是为序。

2014 年 2 月 8 日

前　言

　　中国是一个具有悠久历史的文明古国。在中国历史舞台上,自三皇五帝算起,到清王朝最后一任皇帝的下台,在这4000多年的时间里,更迭了20多个朝代,经历了数百名帝王和国君。

　　时势造英雄,也造历代皇帝。日中则昃,月满则亏。在各个皇帝的经营下,朝代终归会走向完结。然而,历史没有结局,只会无休止地延续下去。于是,在中国历史的长河中,留下了秦、两汉、三国、两晋、南北朝、隋、唐、五代、宋、元、明、清等诸多朝代。

　　在朝代的不断更替中,四百多位帝王先后登上了历史的舞台。然而,皇帝这个身份给他们的感觉却存在着天壤之别,有叹息流涕者,有志得意满者,有战战兢兢者,也有胸有成竹者。无论是在处理与朝臣、外戚、皇族、百姓的关系上,还是在重大决策的执行上和对待爱情、家庭、艺术、享受等方面的追求上,他们都展现出了各自不同的姿态。

　　历史的风风雨雨,常常让我们感慨良多。秦始皇的一统天下,三国时期的群雄逐鹿,大唐帝国的起伏兴衰,康乾盛世中的危机暗藏,天朝大国唯我独尊的美梦破灭……王朝更迭的硝烟与战火、百姓臣民的不屈与抗争等，无不时时拨动着我们的神经，触发着我们的情感。

　　时间可以磨去历史的棱角，却无法抚平史书中的记忆；历史的车轮辗过每个人的心，留下深深的辙痕。历史是人民写就的，但我们不得不承认，史书中的记载，更多的是对于帝王将相的描述。

　　在中国2000多年漫长的封建社会里，皇帝是国家的最高统治者，是封建专制统治的象征与代表，拥有法律制定权、行政决策权和军事权等绝对权力，唯我独尊，独断乾坤，决定着国家的命运与臣民的生死荣辱。他们在中国历史上，是每个时期的统治阶级的总代表，他们在政治上的一切举措、作为，最能反映出封建政治的本质与特征，显示出封建社会至高无上的专制集权主义——皇权的实质。

　　中国的皇帝，既包括秦皇汉武、唐宗宋祖这些或以盖世武功称霸于世，或以绝妙文采震烁古今，或以雄韬伟略彪炳史册的英主；也涵盖了汉献蜀后，晋惠隋炀这些或因软弱无能而失国，或因昏庸无道而身死的昏君。他们共同铸就了一部洋洋洒洒长达4000多年的王朝史。

　　皇帝作为古代历史的重要角色之一，是当时左右和影响国家、民族的关键人物。研究他们的生平事迹、功过是非、治乱兴替，可以揭示中国古代社会由乱到治、由治到乱以及繁荣衰败的内在规律，诠释中华民族嬗变兴替的过程。在一定意义上事关国家兴衰、民族兴亡、个人成败，对我们现代人有着极大的借鉴意义。

目录

第一章 中国古代皇帝概述

第一节 皇帝的由来 ………………………………………… 2
皇帝的鼻祖 ………………………………………………… 2
皇权象征：专制制度 ……………………………………… 5

第二节 皇位继承与皇嗣制度 …………………………… 7
武力夺取皇位 ……………………………………………… 7
禅让制 ……………………………………………………… 9
皇嗣的建置和管理 ………………………………………… 9

第二章 秦汉时期的名帝

第一节 秦代明帝 ………………………………………… 14
秦始皇嬴政 ………………………………………………… 14
秦二世胡亥 ………………………………………………… 17

第二节 西汉名帝 ………………………………………… 21
汉高祖刘邦 ………………………………………………… 21
汉文帝刘恒 ………………………………………………… 27
汉景帝刘启 ………………………………………………… 30

汉武帝刘彻 ………………………………………… 33
　　第三节　东汉名帝 ……………………………… 38
　　汉光武帝刘秀 ……………………………………… 38
　　汉明帝刘庄 ………………………………………… 41
　　汉献帝刘协 ………………………………………… 42

第三章　魏晋南北朝时期的名帝

　　第一节　三国名帝 ……………………………… 48
　　魏文帝曹丕 ………………………………………… 48
　　蜀汉昭烈帝刘备 …………………………………… 50
　　吴大帝孙权 ………………………………………… 52
　　第二节　两晋名帝 ……………………………… 55
　　晋武帝司马炎 ……………………………………… 55
　　晋元帝司马睿 ……………………………………… 57
　　晋明帝司马绍 ……………………………………… 58
　　第三节　南北朝名帝 …………………………… 61
　　宋武帝刘裕 ………………………………………… 61
　　齐高帝萧道成 ……………………………………… 62
　　梁武帝萧衍 ………………………………………… 65
　　孝文帝拓跋宏 ……………………………………… 67

第四章　隋唐五代时期的名帝

　　第一节　隋代名帝 ……………………………… 74
　　隋文帝杨坚 ………………………………………… 74

隋炀帝杨广 ·· 77

第二节 唐代名帝 ·· 81

唐高祖李渊 ·· 81
唐太宗李世民 ·· 83
唐高宗李治 ·· 88
女皇武则天 ·· 90
唐玄宗李隆基 ·· 93

第三节 五代十国名帝 ·· 98

后梁太祖朱全忠 ·· 98
后唐庄宗李存勖 ·· 101
后晋高祖石敬瑭 ·· 104
后汉高祖刘知远 ·· 107
后周世宗柴荣 ·· 108

第五章 宋元时期的名帝

第一节 两宋名帝 ·· 116

宋太祖赵匡胤 ·· 116
宋太宗赵光义 ·· 119
宋真宗赵恒 ·· 121
宋徽宗赵佶 ·· 124
宋高宗赵构 ·· 126

第二节 辽金西夏名帝 ·· 130

辽太祖耶律阿保机 ·· 130
金太祖完颜阿骨打 ·· 132
西夏景宗李元昊 ·· 136

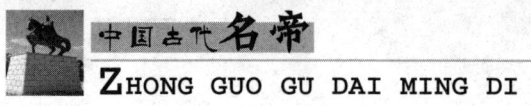

第三节　元代名帝 …… 139

元太祖成吉思汗 …… 139
元世祖忽必烈 …… 141
元成宗铁穆耳 …… 145

第六章　明清时期的名帝

第一节　明代名帝 …… 150

明太祖朱元璋 …… 150
明成祖朱棣 …… 154
明英宗朱祁镇 …… 157
明世宗朱厚熜 …… 159
明思宗朱由检 …… 161

第二节　清代名帝 …… 163

清太宗皇太极 …… 163
清世祖福临 …… 166
清圣祖玄烨 …… 168
清世宗胤禛 …… 173
清高宗弘历 …… 177
清仁宗颙琰 …… 180

参考书目 …… 183

第一章

中国古代皇帝概述

"皇帝"这一称号，在今人看来，似乎不是那么陌生，但在2000多年前，可是个崭新的头衔。

远古时代，虽有"三皇"，有"五帝"，但并不叫"皇帝"。《商纪》曰："至夏，去帝号，与殷、周为三王。"到了夏、商、周三朝，连"帝"的称号都被废去。司马迁在《史记》中仍称夏、商两朝的君王为"帝"，可能是为方便起见，或者是延用旧有的称呼。说起皇帝这一新头衔，自有一番来历。

第一节
皇帝的由来

皇帝的鼻祖

早在远古时代,中国是没有皇、帝、王之类的人物的。我们通过诸多史书得知,那时的世界,可谓"天地玄黄,宇宙洪荒";山林之中,虎啸猿啼,狼奔蛇走;平川之上,野草莽莽,树木苍苍;人类的老祖先们藏身于山洞巢穴之中,以树叶、树皮遮羞防寒,靠石头做成的武器抵御野兽的侵害,并猎取这些野兽以填饱肚皮。后来又发展到用石头制成的工具进行耕作,以维持生存。

至于人与人之间的关系,《吕氏春秋·恃君览》介绍说:"昔太古尝无君矣,其民聚生群处,知母不知父,无亲戚、兄弟、夫妻、男女之别,无上下长幼之道,无进退揖让之礼。"这个人们知母不知父的时期,被现在的历史学家称为"母系氏族社会"。也就是说,在一个氏族中,一切由女性当家做主。人与人之间相互平等,既无穷富尊卑之分,也无什么"纲常"、"礼教"之说,大家见了面,谁也用不着向谁下跪磕头,或战战兢兢、恭听训教,故又被历史学家冠以一个十分美好的词汇,名曰"大同社会"。

母系氏族社会发展到父系氏族社会之后,群居一地的人开始形成部落,人们开始有了私有财产,而由于私有财产的多寡不同,人与人之间不再是平等无尊卑之分。人们对于私有财产所带来的好处已经看得明明白白,并开始进行无止境的追求。人的占有欲膨胀到一定程度,便不择手段,对别人的财产采取"拿来主义",于是部落之间为掠夺财富和人口而引起的攻伐连绵不断,"大同社会"的平静被彻底打破。

人们不但要与大自然作斗争，为改变自己的生存状态而进行种种发明创造，还要抵御其他部落的侵略与掠夺。于是，每一个部落都需要一位有号召力、凝聚力的智勇兼备的人物来做首领，一些人开始被大家推举为部落的酋长。各部落内部均形成一个政治权力中心，而酋长，便是这个中心的领袖人物。

从此，帝王开始接二连三、热热闹闹地登上中国历史舞台。

见诸于史籍的最早的帝王是"三皇五帝"，所谓"三皇"，史家有不同的说法，一说是指燧人、伏羲、神农，一说是燧人、女娲、神农，而常见的说法则是指燧人、伏羲、神农三氏。

关于三皇的神话传说很多，总之是说他们神通广大，法力无边。其中比较可信的传说是：燧人氏发明了钻木与击石取火的方法，并用火种点燃柴草，将禽兽的肉烧熟了吃，改变了初民们茹毛饮血的生活方式，即所谓"钻燧取火，以化腥臊"；伏羲氏发明了可以远距离射杀野兽的弓箭，并以绳结网，用来捕兽打鱼，即所谓"作结绳而为网罟，以佃以渔"，捕捉到活的禽兽，一时吃不完，便将其饲养起来，以备不时之需；神农氏发明了可以耕地的农具，教人们开始大面积种起庄稼，即所谓"斫木为耜，揉木为耒"，并亲尝百草，发现了许多可食的植物和可以用来治病的药材……

总之，这些连姓名都没留下的大人物是远古时代的发明家兼部落酋长。"皇"的伟大头衔，显然是后人加给的。至于他们是否享有"皇"的权力，虽然没有多少文字可循，但从《史记·五帝本纪》中可以看出，神农氏时代已经形成部落联盟，而神农氏便是部落联盟的最高领导人。他领导的那些部落，则被司马迁先生称为"诸侯"。又有记载，神农氏以火德王天下，故称"炎帝"，但正史中却无这位"帝"的位置。

"五帝"则是有名有姓的人物，关于他们的种种历史记载，也介于神人之间，这五帝是：黄帝、颛顼、帝喾、尧、舜。《史记》开篇便对这五人作了介绍，而黄帝，是进入正史的最早的帝王，也可以说是以后各代帝

伏羲女娲

3

轩辕黄帝雕塑

王的鼻祖。

黄帝本姓公孙，因久居姬水，后改姓姬。又因居住于轩辕之丘而号"轩辕"，又号"有熊氏"。姬轩辕和他的部落生活在黄河中下游以北地区。司马迁先生说他："生而神灵，弱而能言，幼而徇齐，长而敦敏，成而聪明。"这一番形容，是说姬轩辕一生下来就神奇得很，在别的孩子还不会说话的年龄，他就会说话，幼小时才智已很成熟完备，到了成年，更是聪明绝顶，诸事明辨。总之是说这位中国皇帝的老祖宗非同凡品。

《史记·五帝本纪》曰："轩辕之时，神农氏世衰。诸侯相侵伐，暴虐百姓，而神农氏弗能征。于是轩辕乃习用干戈，以征不享，诸侯咸来宾从。"也就是说，当时炎帝神农氏威信越来越低，失去了维持部落联盟安定团结的能力，各部落之间征战掠夺，致使百姓陷入苦难之中。于是，有杰出的政治、军事才能的轩辕通过战争结束了这种混乱局面，成为诸酋长中的领袖。

又有传说称，姬轩辕发明了车船弓箭，将衣服染成五颜六色，他的大老婆嫘祖发明了养蚕。姬轩辕还驯养熊、罴、貔、貅等野兽，在与其他部落作战时，把这些猛兽放出来攻击对手，把敌人打得落花流水。

姬轩辕起先不过是一个大部落的酋长，他率领部落几经征战，先后打败了九黎、蚩尤等部落，又与炎帝率领的姜姓部落在阪泉（今河北省涿鹿东南）一带展开三次血战，大获全胜，姜姓部落从此被姬轩辕吞并，于是"诸侯咸尊轩辕为天子，代神农氏"，皇帝的鼻祖自此隆重登场。

黄帝以后的几任君王：少暤、颛顼、帝喾、挚，都是姬轩辕的子孙，这些人得以弄个"帝"的头衔，大概都是靠沾老祖宗的光，史籍对他们有何特殊才能，几乎没有什么文字记载，《史记·五帝本纪》对此二人也是一笔带过，看来这些人皆一辈子碌碌无为，没有多大成就。到了尧、舜时代，司马迁先生才开始大做文章。

皇权象征：专制制度

从秦代建立皇帝制度起，到清王朝被推翻的2000多年，中国一直处在专制皇权的统治之下。专制皇权支配着整个社会的政治生活、经济生活、社会生活和文化生活，高度膨胀的皇权是中央集权专制政治的轴心，皇帝是最高统治权力的执掌者和象征。

中国古代政治制度的发展变化，总是围绕着皇权这根主轴来运动，一应军、政、财、刑、文等制度的建立和修订，总是依据在位皇帝的统治利益和运用方便作为取舍的标准。其指导思想是尽可能维护和强化朝廷的统治地位，体现和扩大皇帝的权威。专制皇权是中国古代政治制度的灵魂与核心。

专制皇权高于一切，支配一切。从行政方面看，就职官的设置及其实际职、权、责的演变而言，以皇权为核心的封建官制体系，呈现为辐射状向全国各级伸展而构成网络性的结构。历代皇帝总是要极力保持和加强对这张网的绝对控制，并为此目的而不时地进行调节。中国古代官制的演变轨迹，大体上是将国君或皇帝在宫内的身边侍从人员逐渐转化为朝廷的正式官吏，由职务较低的事务性小官吏转化为官阶较高、拥有相当权力的政务官僚，其中的少数人曾执掌过很大的实权。当这些部门或官僚的权势足以构成对皇权的威胁时，皇帝又以新的机构和新的亲信侍从人员取而代之。同时，皇帝们也总是用这些内朝官来与外朝官相互牵制、相互制衡，以便于皇帝灵活控制。总之，是否继续拥有对官制的绝对控制和调整的权力，能否继续行使对文武官吏绝对人事任免的权力，乃是皇帝能否保住皇权的主要标志之一。

从法律方面而言，中国古代的法律以刑法为主，主要职能是维护专制皇权，打击的主要对象是任何敢于侵犯（哪怕是过失的）皇权的人。自隋唐至明清，在各代颁布的法典中，无不把触犯皇权的"十恶"之罪列于刑章之首，对犯了"十恶"之条的罪人以最残酷的刑罚予以惩治。在专制制度下，皇帝集最高立法权和司法权于一身，他的诏、令、敕、谕都具有绝对的法律效力，他对一切重大及疑难案件都拥有最高的裁决权。历代王朝都以法律的强制力来无微不至地捍卫着专制皇权。

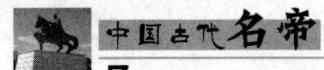

就经济制度而言，在专制制度下，主要以赋税制度为主。赋税制度与国家的财政收支密切相关，历代变法的目的主要是增加财政收入，小农经济是专制皇权的基础，所以历代都巩固它；商品经济不利于皇权统治，所以历代王朝，采取重农抑商的政策。虽然历代皇帝都希望风调雨顺、物阜民丰，甚至动用国家财力，组织人力物力、治理河道等，目的是维护皇权统治的稳定。

就宗教方面而言，中国的宗教从没有获得过像西欧的基督教、阿拉伯人的伊斯兰教以及印度的佛教等那么高的权威，它一直处在专制皇权的笼罩与控制之下。特别是汉代董仲舒"罢黜百家，独尊儒术"的建议被汉武帝采纳后，儒学成了官方的意识形态，它虽然不是宗教，但却发挥着宗教的功能。在古代中国，专制皇帝不仅不受宗教的任何约束，而且他还可以把宗教变成维护统治的工具。唐太宗李世民时是一道，二儒，三佛；武则天做皇帝时便是一佛，二儒，三道。佛教是外来宗教，它传入中国后，对儒学冲击很大，专制皇帝绝不能任其发展，于是便有了北魏太武帝、北周武帝、唐武宗、后周世宗的灭佛事件。佛教要求得生存与发展，必须改变自身以适应皇权的需要，因为宗教的盛衰与帝王的好恶直接相关，专制皇权是决定宗教命运的绝对力量。历代皇帝对佛道等宗教的态度是既利用其为皇权服务，又不允许其过度的发展。任何外来宗教只有迎合皇权统治的需要，才得以立足。明末，西方基督教传入中国，只是荡起一点点小小的涟漪，由于它不愿改变自己，不向皇权稽首，不跪拜皇帝，最后不得不悄然退出中国。

从思想文化方面而言，专制皇权对思想文化的控制是和它对政治、经济、军事、司法等方面的控制有机地结合在一起的。历朝历代的法律都严惩思想犯罪，屡兴文字之祸，以打击异端邪说。皇帝不仅是政治上的最高权威，同时也是思想文化方面的最高权威。

在皇权专制下的古代中国，不论是经济、文化，还是艺术、宗教，凡是有利于皇权的都能得到发展，反之将失去存在的条件。皇权高于一切、决定一切、涵盖一切、支配一切，这是中国古代政治史的突出特点。

知识链接

皇权的前身：王权

专制皇权在秦以后之所以创立且日益发展完善并非偶然，它是由专制王权转化而来的。专制王权在秦以前行使了将近2000年，不论在专制理论方面，还是在典章制度方面，都为皇权专制制度奠定了基础。可以说，没有王权的充分发展，就不会有后来的专制皇权，皇权是王权进一步发展的结果。

王权的发展经历了一个相当漫长的历史过程，它是在原始社会后期的部落联盟首领和军事首领权力不断扩大的基础上形成的。夏朝初期的最高统治者不称王而称"后"，原意为生育的意思，引申为祖先之意。这可以反映出夏王朝刚刚从氏族社会组织脱胎而来，还带有浓厚的氏族社会组织的痕迹。夏初的国家体制很不稳定，直到少康重建夏朝，最高统治者才开始称"王"。

第二节 皇位继承与皇嗣制度

武力夺取皇位

中华民族几千年来，每一次朝代更替，几乎都是大规模战争的结果。而

神圣而又高贵的龙椅

在推翻前朝政权的战争中，不知多少人在通往龙椅的险途上浴血搏杀，或死于竞争者的刀剑之下，或踏着失败者如山的尸骨登上龙椅，当上了皇帝。靠武力夺取帝位的第一类人是诸侯蕃将、皇亲贵胄、功臣勋旧，总之是一些手握兵权、有武力可用的人。他们一旦觉得自己兵多将广，"取而代之"的野心就渐渐膨胀。终于在一个他们自以为适当的时机，找一个证明自己"师出有名"的借口，开始了夺取帝位的血腥搏杀。

靠武力夺取帝位的第二类人是生活在社会低层的民众。他们或是饱受暴官恶吏的欺压而啸聚山林，或是为繁重的税赋徭役所苦而聚众闹事，开始他们只是与官府对抗，后来响应者日重，势力越来越大，待到队伍壮大到一定程度之时，他们的矛头便直指朝廷，要以武力将皇帝拉下马。有的人则是在"天下大乱，群雄并起"之时，加入某个举事的队伍，或拉起一帮人马，后来在征战中崛起，成为帝位的角逐者。如刘邦、黄巢、朱元璋、李自成、洪秀全等，均属此类。

列宁说："历史上常常有这样的战争，它们虽然像一切战争一样不可避免地带来种种惨祸、暴行、灾难和痛苦，但是它们仍然是进步的战争，也就是说，它们有利于人类的发展，有利于破坏特别有害的反动的制度。"遗憾的是，中国在清朝灭亡以前，这种有利于破坏特别有害的反动的制度的战争，就不曾有过，所谓"百代皆施秦政法"，一场战争推翻了一个旧王朝之后，新皇帝又建立了一个新王朝，但其特别有害的制度却没有变。坐稳了龙椅的刘邦、朱元璋不会改变旧有的制度，黄巢、李自成、洪秀全如果坐稳了龙椅，也不会改变旧有的制度。只要当上皇帝，江山便成了自己的家当，并且可以名正言顺地传给子孙，还有什么制度比这种制度更能满足人的私欲！

黑格尔先生有言："中国的历史从本质上看，是没有历史的。它只是君主覆灭的一再重复而已，任何进步都不可能从中产生。"黑格尔的说法，未免有些过激，中国的历史，不是没有任何进步，而是其进步十分缓慢，其原因就是新王朝取代旧王朝，然后再被新王朝取代的历史，是2000年换汤不换药的政治体制所造成的。

禅让制

以和平方式接受前任帝王让出的帝位，名曰"禅代"。禅代需有一个前提，那就是得有人愿意把帝位让出来。

把帝位让给别人，叫"禅让"。禅让又分"外禅"与"内禅"。所谓"外禅"，即是把帝位让给外姓的人；所谓"内禅"，即是把帝位让给自己的儿孙或弟兄。

皇嗣的建置和管理

太子为一国之储君，亦是未来的君主。历代封建王朝对确立皇储都十分重视，皇储一旦确立，对他们的教育训导，自然也成为王朝内部一项重要的政务。这样，在朝廷内就有了各种名目的机构，各种品秩的经过皇帝精心挑选的官员，不折不扣地贯彻皇帝对太子的种种教育意图，千方百计地要把太子造就成为未来一代明君。汉代，在确立皇嗣继承制度的同时，还建立了一套为嗣皇服务的东宫官系统。皇太子既为国家之储君，为了保证其将来能胜任治国之重任，汉代特设称为太傅、少傅的太子师傅之官，负责对太子的教育、培训。

殷周时期，已设有太傅，与太师、太保合称三公。秦朝亦设立，因秦未预立太子，实形同虚设。至汉代，这古已有之之制才恢复起来。

汉代，太子太傅、少傅的地位不断提高。至东汉时，对太傅、少傅的秩禄、职掌作了明确规定："太子太傅一人，中二千石"，"职掌辅导太子，礼如师，不领官司属"，"太子少傅，二千石"。"亦以辅导为职，悉主太子属官。"太子太傅、少傅还有为数不少的属官，主要有太子率更令、太子庶子、太子舍人、太子家令、太子仓令、太子食官令、太子仆、太子厩长、太子门大夫、太子中庶子、太子洗马、太子中盾、太子卫率等。

隋唐时期，东宫建置更为完备。隋唐两代，均模仿宫城，于宫城东边营建了规制略小于宫城的东宫。其内，各种用途的殿堂一应俱全。有皇太子举行加冕大礼，接受群臣朝贺的嘉德殿；有皇太子接见宾客的崇教殿；有皇太子日常处理政务的南正殿；有皇太子平时居住的光天殿和承恩殿。东宫前半部东边所设左春坊，西边所设右春坊，则掌管对皇太子的侍从和启奏。东宫的后庭事务，则由后半部的命妇院和内坊主管。如果说东宫是一个微型朝廷，那么东宫的官属就是朝廷官职的翻版。东宫官属主要有：太子三师、三少，职掌教育、培养太子；詹事府统领家令、率更、仆三寺和左右卫、司御、清道、监门、内等十率府；左春坊设左庶子、中允、司议郎、左谕德、左赞善大夫等职；右春坊设右庶子、中舍人、舍人、通事舍人、右谕德、右赞善大夫等职。太子的三师三少在大多数情况下以朝官兼任，其余官属由吏部选任。大批的东宫官属，在嗣皇为太子时，既授太子以传统的为君之道，同时又为太子出谋划策，打击竞争对手，保住太子地位，以确保皇位的顺利承继。太子一旦继位，这些人立即成为新朝新贵，成为新皇帝的重要亲信。

宋代东宫官属大致仿唐制，设太子太师、傅、保；少师、傅、保。还有太子宾客；太子詹事；太子左庶子、右庶子，左谕德、右谕德；太子侍读、侍讲；太子中舍人、舍人；资善堂；主管左右春坊事、同主管左右春坊事；率府等。宋代的东宫官不及唐代系统完整，大多随宜制官，"多以他官兼领"，大多没有实际的责任。宋代南渡以后，不再另建东宫。太子居住皇城之内，便于皇帝对皇太子的控制，其东宫官属也形同虚设。

自唐代开始，太子在被册立以后，一般在皇帝指导下处理一些军政事务，称为"监国"。宋代亦仿唐代监国之制，遇有皇帝疾患等因，准太子监国。如宋真宗时，因真宗得风疾，宰相寇准密令翰林学士杨亿草表，请太子监国。监国必然要听政，地点在太子东宫之资善堂。宋孝宗时，则创议事堂，命皇太子参决庶务。此后，一直沿袭下来。太子监国时处理的事务仅限于平常事

务，重要的军国事务尚需皇帝颁发旨意。这种太子监国之制，一方面使皇太子处理政务的能力预先得到锻炼，以备将来一旦继承帝位不会因生疏而手足无措；另一方面太子监国，平时处理一般事务，遇到国家动乱的非常时期，皇太子可由监国直接继承皇位。

宋太宗还制定了皇太子兼任首都地方长官的制度。这种制度一方面可以使皇太子熟悉政务，另一方面又可以使皇太子处于臣僚地位，免除皇太子抢班夺权的危险。

由蒙古族建立的元朝，初无立太子之制，直至元世祖入主中原后，始采汉法，预建太子。同时，以汉法立制，一度曾有师、傅、保之设。除了由师、傅、保对太子实施教导外，又仿唐宋东宫官之制，立詹事院以辅翼太子。詹事院设詹事三员，同知二员，副詹事二员，丞二员，中议二员，长史二员，照磨二员，管勾二员。

元代，皇太子在即位之前，通常皆兼判中书省及枢密院的首长，使太子对政务、军务获得实际经验，以利于将来对国家的治理。

明代辅佐太子机构庞大，其组织规模大体与唐代相类。其设有：太子太师、傅、保；太子少师、傅、保；太子宾客。詹事府设詹事、少詹事、府丞、主簿厅、主簿、录事、通事舍人。还有左、右春坊、司经局等。

以上东宫官属，皆以词臣及政府部臣或宪官兼领，不设专职。究其原因，乃出于明太祖的深谋远虑，试图以宫府一体化来避免宫府间的嫌隙。当时，负责掌握太子进德修业的人，皆为翰林及左右春坊大学士和司经局的臣僚。他们给太子上课的讲义，先要经内阁核阅，呈朱元璋亲自过目始能讲授。有时，皇帝还亲定文献，命学士给太子讲授。明太祖时，还在宫内"建大本堂，取古今图籍充其中"，同时征求国中四方名士教诲太子。除太子之外，诸王可以同时受教，还"选才俊之士充伴读"。由此可见，明代统治者对太子教育是非常重视的。

明代亦实行太子监国之制。明太祖时，

明太祖朱元璋

朱元璋曾规定："朕若有事于外，必太子监国。"要求各大臣"事当奏闻"。但此时尚无定制。至成祖时始成定制，规定"凡常朝，皇太子于午门左视事。左右侍卫及各官启事如常仪。"太子监国有一定的权力范围。明太祖时规定，凡天子外出时，"凡内外军机及王府急务"可奏请太子处理，但"有边警，即调军剿捕"，仍需驰奏天子决定。太子监国权力范围的大小并没有一定的规制，一般由皇帝临时指定。

清代对皇子的教育培养亦十分重视。清亦沿用明制，有师、傅、保之设。但清代的师、傅、保既非专授，亦没有限额，仅是一种兼官、加官及赠官。同时清代并没有规定师、傅、保的职掌，实际上并不是所有的师、傅、保都能成为太子真正意义上的老师。因为清代为教育皇子（因清代自雍正后不明立皇储，因而所有皇子都有同等的受教育的权利）设有上书房，只有值上书房者，才为真正的师傅，其余的师、傅、保仅备位而已。

清代亦建东宫，也有庞大的属官系统，詹事、坊、局一应俱全。清代雍正后不明建皇储，东宫官属之所以保留，仅作为词臣迁转之地。

知识链接

皇权与分封

中国古代的政治结构和社会结构是家国同构的。家是国的缩影，国是家的扩大。天下乃为一家一姓之天下，因此称为家天下。

为了使皇家天下日益巩固并得以永世不断，皇帝们费尽了苦心。究竟采取哪种方式对天下才能有效地控制，是利用官僚系统进行控制的郡县制，还是利用以血缘关系为纽带的宗族分封制，抑或是实行郡国并行的制度，历代帝王在政治运行中总是不断地实践着。

虽然分封制给封建帝国带来一次又一次的政治动荡，屡屡地冲击皇权，然而，当一个新朝代建立时，又一次次地进行分封，悲剧总是不断地重演。分封既是皇权的需要，又是皇权的祸害。

第二章

秦汉时期的名帝

秦朝是中国历史上第一个统一的多民族的封建国家。它结束了长期以来诸侯割据称雄的局面。但秦朝建立后，统治残暴，给人民带来了无比的痛苦和极大的灾难。秦朝只传二帝就结束了统治。之后的汉朝开始实行休养生息政策，使得经济空前繁荣。汉朝之所以能政治稳定，国势强大，主要是有几代英明、雄武的明君治理，使得汉朝达到了空前的强盛。

第一节
秦代明帝

秦始皇嬴政

秦始皇（前259—前210年），姓嬴，名政，秦庄襄王之子，13岁时继承王位。由于年龄太小，由丞相吕不韦以"仲父"的身份辅政。22岁时开始亲政。次年，丞相吕不韦去职，从此"独治其民"。

嬴政掌权后，重用尉缭、李斯等大臣，谋划灭亡六国的策略，任命王翦、李信、王贲、蒙恬等为将军，展开了大规模的统一战争。经过十年的兼并战争，先后灭掉了东方六国。公元前221年，嬴政自称始皇帝。

秦始皇称帝后，首先是建立中央集权政府。规定皇帝是至高无上的统治者，在皇帝之下设有三公九卿，组成中央政府。

三公，即丞相、太尉、御史大夫。丞相是最高的文官，辅佐皇帝处理国政，丞相有左右之分，当时以右为上；太尉是最高的武官，掌管军事；御史大夫监察百官，掌管文书。三公之下是九卿，即有掌管宗庙礼仪的奉常，有掌管宫廷警卫的郎中令，有负责皇宫保卫工作的卫尉，有掌管宫廷车马的太仆，有掌管刑法的廷尉，有负责民族事务和

秦始皇画像

第二章 秦汉时期的名帝

外交的典客,有掌管皇族内部事务的宗正,有分管财政的治粟内史,还有负责山海地泽税收的少府等。这三公、九卿分工明确,各司其职,共同对皇帝负责。

设置地方机构时,秦始皇采纳了廷尉李斯(后任丞相)的建议,否定分封制,推行郡县制,即把天下分为36郡,郡以下设县。后来,疆土扩展,由36郡变为40郡。每个郡由朝廷任命三个长官。郡守是一郡之长,掌管全郡政务,是一郡的最高行政官;郡尉掌管军队,负责治安;郡监御史负责监察。每县由皇帝任命县令,当时由皇帝任命的共108名郡(36郡时)一级的官员和800多名县令。县以下设乡,乡以下设亭。乡有乡官,亭有亭长,大约十里为一亭,十亭为一乡。这样,就把全国最后的一切权力都集中在了皇帝一人手中。二十几个世纪以来,中国历史上朝代虽然不断更迭,而秦始皇所开创的封建政体却相沿不衰。故有"历代都行秦政事"之说,可见其影响之深远。

其次是统一政令,统一各种制度。在战国时期,各国车辆大小不同,道路也有宽有窄,造成了交通阻断的情况。秦始皇下令各地,拆除阻碍交通的关隘、堤防、城堡,修建以咸阳为中心通向全国各郡的驰道,东达今河北、山东,南至江苏、湖南,北抵内蒙古的阴山;并规定全国驰道一律宽50步,驰道每隔3丈各植青松一棵。

秦始皇为开发偏僻落后的岭南地带,还下令抽调了50万民工,由水利专家史禄负责,开山凿渠,以沟通湘水和漓江,这就是秦凿渠,后来改为灵渠,灵渠的开凿,便利了南方与中原地区的经济、文化交流。这样一来,全国36郡变得四通八达,改变了割据局面。

新政权建立后,各地诸侯的余孽不断制造骚乱,秦始皇为此又下令:一搜六国兵器;二拆天下险要关塞;三调民间豪富名士集中咸阳。用这种釜底抽薪的办法,平息了地方叛乱。

在语言文字方面,由于当时国度不同,地区不同、字体写法也出现了很大差异,给经济发展和文化

西安秦皇陵

交流带来了很大困难。秦始皇统一六国后，便命廷尉李斯整理文字。李斯依据籀文，制定了一套笔画简便的新文字。这就是小篆，作为当时标准文字，通用于公文法令，促进了当时的文化交流。

此外，秦始皇还下令统一货币，规定钱为二等；黄金为上币，以镒（yì，二十两）为单位；铜钱为下币，以半两为单位。统一度量衡，规定：度，分为寸、尺、丈；量，分为升、斗、桶；衡，以10钱为1两，16两为1斤，120斤为1石。以上这些，在当时都是涉及千百万人习惯势力的重大改革，而秦始皇竟在十余年中就能胜利完成，展现了我国历史上第一个皇帝的雄才大略。

为了巩固政权，秦始皇开始进行了一系列的举措：

一是修造长城。秦始皇为了防止北方匈奴的骚扰，下令修筑长城，西起临洮，中经阴山，东跨鸭绿江，也就是今天的万里长城。

二是没收天下的兵器，然后熔化铸成12个巨大的铜人，每个有24万斤，用铜288万斤。这12个大铜人，都置于咸阳宫前，以显示秦始皇的威严，避免天下人作乱。

三是修建官道，即驰道。以咸阳为中心，共修成三条，一条向北通到了内蒙古，叫作直道；一条通向东面的河北和山东，直到海边；一条向南，通两湖和江苏。驰道宽达50步，两旁每三丈远就种一棵青松树。驰道的建立，大大缩短了传令的时间，有利于中央集权的加强和政令的及时传达。

四是为了杜绝先前六国后裔的反叛行动，秦始皇将各国后裔贵族们连同富豪一块迁到了咸阳，这样便于监视，同时也繁荣了都城的经济。

五是"焚书坑儒"。焚书：他为了统一思想、钳制人口，下令凡是秦记以外的书，凡是那些讲医药、占卜、种树一类的书以外，凡是各国史官所记的历史书，凡是史官所不需要的书，全部烧掉，这是一场文化浩劫；坑儒：他认为儒生乱发议论，妖言惑众，就亲自圈点了460余人一律杀掉。这是压制言论的残酷手段。这样，秦朝以前的许多历史事实和学术思想从此失传。这是秦始皇摧残中国多元文化的一大错误之举，使中国的文化事业遭受了一次重创。

秦始皇从13岁即位开始，就动工修建骊山陵墓。全国统一后，又调发役夫

万里长城

阿房宫大殿

徒隶70余万人，大肆修建，耗时38年。直到秦始皇死，陵墓工程尚未完工。现在此墓叫秦始皇帝陵，法国总统希拉克惊羡地称其为"世界第八大奇迹"。然而，有谁知道这奇迹中耗尽了多少人的鲜血？

秦始皇还建筑了很多华丽的宫殿。他每灭掉一个国家，都要让人将宫殿的图画下来，然后在咸阳照样仿造。结果咸阳的周围就建有宫殿270多座，行宫在关外有400多座，关内300多座。在这些宫殿中，最大最有名的莫过于阿房宫。因为在秦末已经被项羽烧毁，所以其规模究竟有多大，现已无法考证。根据历史记载，阿房宫的前殿的东西就宽达500步，大约相当于700米。南北有50丈，相当于115米。这个巨大的宫殿，每年都要调用民工70万人，足见工程之浩大。

苛捐杂税，加上严苛的法律，使人民生活在水深火热之中。百姓渴望统一，渴望结束无休止的战争，渴望过上安宁的日子。可是秦的暴政让他们失望至极，民心丧失加速了秦帝国灭亡的脚步。

秦二世胡亥

公元前230年，胡亥出生，他是秦始皇的第18个皇子。在秦始皇的众多皇子中，胡亥的才德没有丝毫突出之处。然而，就是这样一个平庸的人，却登上了皇帝的宝座。

秦始皇虽然忙于处理国事，但并没有忽视对宗室子弟的教育。当时，秦国国力雄厚，诸公子的学习条件非常优越。尤其在秦始皇焚书坑儒前，宫廷内的儒学氛围很浓厚。诸公子从中学习了礼仪道德之类的知识，其中秦始皇

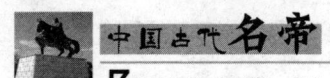

的长子扶苏最为优秀。扶苏为人宽厚仁慈，深爱儒学，得到秦始皇的喜爱。后来，秦始皇焚书坑儒，遭到了扶苏的反对。秦始皇虽然很生气，但考虑到扶苏有治国才能，于是将他派往北方守将蒙恬的军队里监军，这样做既可以避免与他争论，又可以磨炼他。

与扶苏不同的是，胡亥虽然也学了一些儒学理论，但他对此并没有很大的兴趣。再加上秦朝在管理过程中多尊崇法家学说，胡亥刚接触它就被它吸引了。

尽管扶苏在各个方面都比胡亥优秀，然而秦始皇的突然驾崩和赵高的蓄谋篡权却将胡亥推上了皇位。

赵高原本只是宫中的一个太监，此人不仅身强力壮，而且擅长书法、谙熟刑律，因而深受秦始皇喜爱，屡屡被提拔，直到升为中车府令。后来，他做了胡亥的老师，与胡亥的关系非常亲密。

中车府令虽然不是一个很高的官职，但却起着不可忽视的作用。赵高做了中车府令后，主要负责为皇帝准备车马仪仗。不仅如此，他还要为皇帝起草诏书和下传符玺。因此，他可以时常跟随在秦始皇的身边，特别是当秦始皇出巡时。

公元前210年，秦始皇最后一次出巡，左丞相李斯随行。胡亥得到秦始皇的允许后，跟随在老师赵高身边。此时的秦始皇已经有50岁了，一番长途跋涉舟车劳顿，患染病死于沙丘平台。秦始皇不愿意让自己辛苦打下来的江山付诸东流，于是给扶苏留下遗诏，"以兵属蒙恬，与会咸阳而葬"，希望扶苏在朝中众多重臣的拥护下继承父业并将其发扬光大。

赵高见诏书还未发出时秦始皇就已死去，立即在李斯面前分析了扶苏即位给李斯带来的不利，并最终说服了李斯。二人将秦始皇的遗诏扣下，然后商量如何将秦始皇的遗体运回咸阳城。

为了防止秦始皇死亡的消息泄露出去，他们像往常一样为秦始皇安排饮食起居，并在随行的车上装满鲍鱼，以鲍鱼的腥味来掩盖尸体的腐臭味。

不久，赵高、李斯等人将秦始皇的遗体运进咸阳城。接着，他们将篡改的诏书公布于世，立胡亥为皇帝。

中国，胡亥靠赵高和李斯相助，轻而易举地做了历史上第二个皇帝。秦二世靠赵高的阴谋当上皇帝之后，对赵高百依百顺，言听计从，为了巩固其统治地位，他一上台便诛杀功臣、兄弟姐妹。

首先，他杀掉了蒙氏兄弟。蒙恬、蒙毅都是秦朝大将，为秦始皇统一中

国、北逐匈奴立下汗马功劳。由于他们对赵高的阴险恶毒十分清楚,深为赵高所惧。所以胡亥一登上皇位,便听信赵高的谗言,以企图谋反的罪名,把蒙氏兄弟杀掉;接着,又与赵高合谋捏造种种罪名,逮捕了秦始皇的6个儿子和10个公主,押到一个叫杜的地方(今西安市东南)杀掉。

随后,胡亥怕剩下的十几个兄弟、姐妹们揭露他的阴谋,索性一起逮捕,在咸阳大街上斩首示众。秦二世有个哥哥,眼看自己的兄弟姐妹就要被斩尽杀绝了,急得坐立不安。他原打算逃跑,又怕连累家室。想来想去,觉得早晚得死,倒不如早死一步,还可以保全自己的妻子儿女。于是,他就给秦二世写了一封信,说:"先帝死后,在地下一定很寂寞。当初,先帝活着的时候,对我十分宠爱,并把他喜欢的一匹好马赏给我。为了报答先帝的大恩大德,我甘愿以身殉葬,去地下服侍先帝。"秦二世见哥哥主动求死,心里非常高兴,便与赵高商议,不但马上批准,还假惺惺地称赞一番,并赏给家人很多钱,让其用来料理后事。就这样,胡亥的二十几个兄弟姐妹先后都被他暗杀、赐死,或车裂了。

秦始皇去世前,阿房宫并没有修完。秦二世为大享宫廷之乐,广调民工,继续修建。当时咸阳粮草不足,他便下令咸阳城周围300里以内田地所产的粮食不准动用,让各地人民把粮草全部运进咸阳,并要担任运输的民工自带干粮。在他称帝以后,各种赋税的数量,已经超过农民全部收入的三分之二,进一步把农民推到重赋繁役、苛法酷刑的死亡线上。

这时的秦朝,全国如同布满了久经曝晒的干柴,只要有一个火星,就会燃起燎原大火。因此,公元209年,也就是秦始皇死后的第二年秋天,爆发了中国历史上的第一次农民大起义,即陈胜、吴广起义,使强大的秦朝立即陷入土崩瓦解之中。

在起义军同秦军的多次交战中,秦军节节败退,秦朝的统治危在旦夕。也就在这个时候,秦朝出现了内讧,丞相李斯和已升为郎中令的赵高发生了权力之争。李斯上书秦二世,揭露赵高有谋反之心。但是秦二世和赵高的关系是何等的密切,他非但不接受李斯的意见,反而听信赵高的诬告,说李斯的儿子李由(当时任三川郡守)有谋叛行为,于公元前208年六月,把李斯腰斩于咸阳市上,诛其三族(父族、母族和妻族)。

李斯死后,赵高独揽大权,被秦二世封为丞相。从此,朝内一切事无巨细,皆由赵高定夺。赵高居心叵测,早有作乱之意。但是在这以前,有右丞

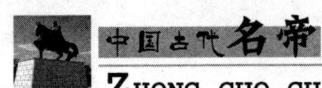

相冯亥疾和左丞相李斯等一批重臣在位，他还不敢轻举妄动。自从李斯死后，看着这批重臣一个个都被他杀的差不多了，便蠢蠢欲动；但他仍怕群臣不服。为万全之计，他想了个绝招，预测人心。

二世三年三月的一天，他乘秦二世大会群臣的机会，当场献上一匹鹿，并别有用心地对秦二世说："我为陛下献上一匹上好的马！"二世胡亥笑着说："丞相你错了，怎么把鹿当作马呢？"赵高又问左右大臣。由于众臣惧于赵高的淫威，结果说是马的多，说是鹿的少。事后，赵高就把说是鹿的人假借其他罪名统统杀掉了。从此，赵高更加横行霸道，为所欲为，朝内大臣谁也不敢说他个不字。为了使自己的种种罪恶瞒过二世，他又劝秦二世深居简出，使文武大臣只听其声，不见其形，于是秦二世便成了"傀儡"皇帝。

"指鹿为马"事件发生后，赵高认为作乱的时机已经成熟，便伺机以待。这年八月，刘邦带起义军攻入关中，逼近咸阳，派人暗中结识赵高，作为内应。赵高立即与女婿阎乐策划谋反，让他举兵进宫，逼秦二世自杀。阎乐对二世说："你骄纵放肆，诛杀无辜，不行君道，天下共叛。你自己该知道怎么办！"二世说："我可以见见丞相吗？"阎乐说："不行。"二世无奈，只得退一步说："我可以不做皇帝，降身到一郡做王可以吗？"阎乐说："不行。"二世又说："我愿意去做一个万户侯。"阎乐仍不答应。二世无法，最后只得哀求地说："我和妻室去做一个平民，待遇像诸位公子一样，总该可以了吧！"阎乐听得不耐烦了，杀气腾腾地说："我是奉丞相命令，代表天下的群众来杀你。你虽然提出了这么多的要求，但我却没法允许，也不能去报告丞相。"说罢，指使他的兵士一拥而上，逼到了二世的跟前。二世无奈，只好自杀。赵高立子婴为秦王。

知识链接

始皇求仙药

秦始皇当了皇帝之后，特别是到了晚年，迷信、怕死，总想长生不老，享尽人间富贵欢乐。为此，他曾多次派人去海外寻找长生不死的仙药。

当时，有一个叫徐福的读书人，原是楚国人，通晓阴阳五行，人很聪明，交游也广，并与齐国侯生和燕国的卢生志同道合，很有交情。由于他们对秦始皇武力征服不满，总想替自己的国家报仇雪恨。于是，经常秘密谋划，等待时机，随时准备打进秦朝内部，像蛀虫一样把秦始皇的江山毁掉。

当徐福听到秦始皇到处求仙药的消息后，便凭三寸不烂之舌，谎说自己与仙有缘，能取到仙药，并以此骗取了秦始皇的信任，遂造大船20只，带领几千名童男童女和大批的粮食、金银财宝，远渡东海而去，杳无音信。而卢生则通过宦官赵高，煽动秦始皇大兴土木，劳民伤财。眼看把一个盛秦的国力、财力耗费得差不多了，便又以能找到仙药为名，一走了之。

第二节 西汉名帝

汉高祖刘邦

汉朝是中国以强大先进的面貌屹立在世界东方的开始。

汉朝的创立者是汉高祖刘邦（前256—前195年）。刘邦的父亲是沛县（秦时泗水郡郡治，今属江苏）丰邑中阳里的普通农民，人称刘太公。母亲生

有三子，长子刘伯，次子刘喜，三子刘季，又叫刘邦。刘邦还有一个同父异母的幼弟刘交。刘家人多地少，靠父耕母织勉强度日，家境贫寒。

　　刘邦年轻时在家乡不像他的父兄那样老实务农。他好交游，嗜酒，没钱买酒时就赊酒喝，常常喝得醉醺醺的。刘太公不喜欢这个儿子，等他成年时让他去试官。刘邦考试合格当上了沛县泗上亭的亭长。按照秦制，十里为一亭，十亭为一乡，亭长是掌管一亭道路、治安和劳役的小吏。

　　刘邦官不大，但他志向高远。有一次，刘邦奉命带人到秦都咸阳服劳役。看到帝国都城的繁华壮观和秦始皇出巡时的威武仪仗，他惊叹不已，感慨地说："大丈夫就应当是这样的啊！"在亭长任上，刘邦看不起那些仗势欺民的贪官污吏，唯独与沛县主吏萧何和狱掾曹参志趣相投，来往密切。刘邦为人正直，常常嘲讽贪官污吏，萧何和曹参总是千方百计保护他。一次，刘邦奉命押送一批徒犯前往骊山，去给秦始皇修陵墓。路上，不断有人逃跑。刘邦想，这样走到骊山，人差不多跑完了，按照秦朝的法律，他也难免一死。因此，当队伍到达丰邑西部的泽中亭过夜时，刘邦果断地给所有徒犯松了绑，对他们说："你们赶快走吧！我也得跑掉，不能回去了！"徒犯们感激刘邦，有十几个人当场表示愿意跟他走，趁着夜色，刘邦带这些人来到南边的芒山和砀山一带藏身。在那里，刘邦等人一面耕田糊口，一面联络各地贫苦百姓，积蓄力量。萧何、曹参假作不知，暗中与刘邦往来。

　　秦二世元年（前209年）七月，陈胜、吴广在大泽乡发动反秦起义。义军所到之处，人民纷起响应。九月，沛县县令为保全自己，也想宣布起义。萧何、曹参趁机劝他说："你是秦朝的县令，沛县子弟不会听从你的命令，不如把逃亡在外的人召回来，取得他们的支持。"县令觉得有理，就派卖狗肉的樊哙去找刘邦。当刘邦带领数百人赶来时，县令又突然变卦，下令紧闭城门，并派人捕杀萧何、曹参。萧、曹二人连夜出城，与刘邦相会。刘邦让人在帛书上写下动员人民起义的文字，用箭射进城去。城中百姓见了帛书，杀死县令，打开城门。萧何、曹参等人共同拥戴刘邦为沛公，率领3000人一同起义。

　　就在刘邦宣布起义的同月，楚国旧贵族项梁和他的侄儿项羽也在吴县（秦时会稽郡郡治，在今苏州）起兵反秦。项梁、刘邦和随后起义的英布、彭越、陈婴等人，初奉陈胜为领袖，陈胜被杀后，共立楚怀王的孙子心为新的楚怀王。秦二世二年（前208年）九月，秦将章邯夜袭定陶，项梁疏于防备，

第二章 秦汉时期的名帝

被秦军杀死。章邯随即北攻赵王歇，赵王歇派人向楚怀王求救。楚怀王决定，由项羽率领义军主力北上救赵，派刘邦收拾陈胜和项梁残部西进关中，并与诸将相约，先入关中者封为关中王。项羽要求带兵西进，楚怀王未准。

刘邦率军从砀县出发，一路避实击虚，于次年四月攻占颖州。韩王成和司徒张良闻讯来归。张良出身于贵族家庭，幼读诗书，精通兵法。因对秦始皇并灭韩国心怀仇恨，张良曾以重金收买两名杀手，在阳武博浪沙行刺秦始皇，但刺客投出的铁椎误中副车，谋杀未遂。归附刘邦后，张良协助刘邦过关斩将，连下十余城。秦二世三年（前207年）六月，刘邦军至南阳郡，南阳郡郡守吕龂退守宛城（今河南南阳）。刘邦急于进兵关中，想从宛城西边绕行。张良坚决反对，他对刘邦说："您虽然急于入关，但是前面秦军尚多，并且依险固守，如果不把宛城攻下，就会陷入腹背受敌、被动挨打的局面。"刘邦听后改变了主张。他连夜调集部队，偃旗息鼓，绕道回师，将宛城秦军团团围住。七月，吕龂不战而降。刘邦乘胜西进，收丹水、克胡阳、下析郦。八月，刘邦攻进武关。把持秦朝朝政的赵高见大势已去，杀了秦二世，向刘邦求和，刘邦不为所动。九月，秦王子婴杀死赵高。十月，刘邦军抵灞上（在今陕西西安东南），子婴献城投降。刘邦只用一年，便占领了秦都咸阳。

刘邦进入咸阳城，看到秦宫奢华、美女如云，想留在宫中享乐。樊哙虽是卖狗肉出身，在这个问题上却很有见识。他对刘邦说："您是想得到天下呢，还是想当富翁呢？这些奢丽之物，正是秦朝灭亡的原因，您要它何用？还是赶快还军灞上，不要在宫中停留。"刘邦不听。张良听说后，又劝刘邦说："正因为秦君无道，您才能来到这里。现在刚刚进关，您就贪图享受，乐而忘返，这是助纣为虐，会令天下百姓心寒。"刘邦幡然悔悟，下令封闭咸阳的宫室、府库，带兵回到灞上。十一月，刘邦召集咸阳城中百姓，宣布废除秦朝的苛刑酷法，并约法三章："杀人者死，伤人及盗抵罪。"咸阳百姓无不拍手称快。

刘邦雕像

刘邦先入咸阳，按约应封关中王。

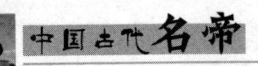

但奉命北上救赵的项羽听说后大怒,他不顾起义军内部的团结,竟然挥师进攻刘邦派重兵把守的函谷关。十二月,函谷关破,项羽率军进驻鸿门(在今陕西临潼东北)。为了避免同室操戈,刘邦亲自带张良、樊哙到鸿门,向项羽解释误会。几天后,项羽领兵杀进咸阳。他处死了已经投降的秦王子婴,将秦宫美女和珍宝洗劫一空,又放火烧了华丽壮观的阿房宫,大火持续3个月之久,连绵数十里。咸阳百姓痛恨项羽的残暴行为,骂他是衣冠禽兽。

汉王元年(前206年)二月,项羽自立为西楚霸王,建都彭城,独占了北方九郡。同时分封刘邦、英布等17人为诸侯王,加封楚怀王为"义帝",将他迁往彬县,后又派人将他杀死。项羽分封诸侯,破坏了自秦始皇以来的统一局面,恢复了战国时代的诸侯割据,违背了人民希望统一的愿望和要求。同时,他分封诸侯又不完全根据功劳大小,而是出于个人好恶,致使没有受封和封地不多的人深为不满,反楚战争一触即发。

为了限制刘邦的发展,项羽名义上封刘邦为汉王,却又把关中地区一分为三,分别送给秦朝降将章邯等人,而让刘邦去统领遥远的汉中、巴蜀地区,建都南郑。当时刘邦属下的汉军虽有10多万人,军中有曹参、樊哙、灌婴等猛将,但无力与拥兵40多万的项羽分庭抗礼,只好接受分封。

四月,刘邦带兵前往南郑。项羽的侍卫韩信因屡次献计不被采纳,心怀怨恨,从楚营逃出,投奔刘邦。韩信从小丧父,家境贫寒,曾受胯下之辱,但他胆大心细,有勇有谋,是一位难得的帅才。丞相萧何多次向刘邦举荐韩信,刘邦未予重视。一天夜里,韩信离营出走。萧何得知后,来不及禀报刘邦,便亲自去追赶韩信。刘邦不以为然,问韩信有何克敌制胜之策。韩信没有从正面回答这个战术问题,却从战略全局上分析了楚汉相争的形势,提出了灭楚兴汉的基本方略,即顺应民心,适时东征,平定三秦,再决雌雄。刘邦见韩信深谋远虑,当即设台拜帅。刘邦亲自授给韩信印信,封他为大将军,令其带兵东征。

韩信雕塑

汉王二年（前205年）八月，刘邦任命东征凯旋的韩信为左丞相，讨伐投降项羽的魏王豹。韩信采取声东击西战法，巧妙地渡过黄河，生俘了魏王。九月，韩信向刘邦建议，让他带兵3万继续北上，进攻赵、代，讨伐燕国，向东平定齐地，向南切断楚军粮道，再与刘邦主力合围项羽，会师荥阳。这是一个颇有远见的战略部署，刘邦欣然应允。韩信带兵北上后，迅速平定了赵、代，迫使燕王臧荼归降。接着，韩信又向已经降汉的齐王田广进攻，生俘了田广，占领了齐地。到次年十一月，形成了韩信在齐、彭越在梁、刘邦在关中，三路会攻项羽的局面。

在战局对项羽不利的形势下，项羽以释放被俘的刘太公和刘邦的妻子吕雉为条件，与刘邦议和。汉王四年（前203年）八月，楚汉双方约定，以荥阳城东的鸿沟为界，沟东归楚，沟西归汉。项羽的目的是利用停战保存实力，整顿兵马，补充粮草，以便再战。刘邦的谋士陈平和张良看破了项羽的企图，向刘邦进言道："汉已控制天下大半，诸侯都来归附，楚则兵疲粮尽，现在正是灭楚良机。如果放任项羽东归，那就是养虎贻患了。"刘邦听后，立即率军追击项羽。在此关键时刻，楚将周殷投降汉军，并动员九江王英布归汉，项羽完全陷入了孤军作战困境。十二月，刘邦、韩信、彭越、英布四路大军分进合击，将项羽围在垓下。项羽带800余骑突围南逃，逃到乌江口时，身边只剩下两人。项羽自觉无脸回见江东父老，遂拔剑自杀。

汉王五年（前202年）二月，刘邦登基称帝，建立汉朝。五月，刘邦在洛阳南宫大宴群臣，并与群臣总结楚败汉胜的经验。有人说："陛下能跟属下同利，谁能攻城夺地，您就封他为王。项羽残害功臣，猜忌贤者，所以会失去天下。"刘邦说："你们只知其一，不知其二。要说运筹帷幄之中，决胜千里之外，我不如张良；治理国家，安抚百姓，筹备粮饷，支援前方，我不如萧何；率领百万大军，战必胜，攻必克，我不如韩信。这三个人，都是当代豪杰，均为我所用，这才是战胜项羽、夺取天下的原因。"

由于农业在楚汉战争中遭到破坏，汉初经济十分困难，粮食严重不足，每石米价高至五千钱到一万钱。富商巨贾和大工商主趁机囤粮居奇，抬高粮价，牟取暴利。有的奸商用铅铁铸钱，冒充铜钱使用，更使货币泛滥，物价腾贵。刘邦认为，农为本，商为末，要想平抑物价、稳定人心，必须打击奸商，发展农业生产。因此，在登基之初，刘邦就采取了重农抑商政策。主要措施是：

一、让大批士兵复员，并解放部分奴隶为平民，增加农业劳动力。刘邦宣布，因饥饿而自卖为奴婢的，全部解放为平民。士卒复员后留在关中从事农业生产的，免除徭役12年；回到家乡务农的，免除徭役6年。

二、执行轻税薄赋政策，让农民休养生息。秦时政府收取的田租，相当于农产物的一半还多；汉初政府大量减租，收取的田租只相当于农产物的十五分之一。

三、从政治、经济和社会地位各方面，打击和压抑商贾。汉朝政府规定，不许商人及其子孙任官，不许商人佩带兵器，不许商人乘车骑马，不许商人穿绵帛等精细织物，商人和奴隶算赋加倍。由于执行了这样一些政策，农业经济得到迅速恢复。

汉朝建立后，简单的约法三章已经不能适应统治国家的需要。于是，刘邦让萧何制定刑律，让韩信整顿军法，让张苍改定历法和度量衡，让叔孙通制定礼仪规范。萧何在《秦律》六章基础上予以增删，订立《汉律》九章。叔孙通以秦朝礼仪为蓝本，制定了汉朝礼仪。《汉律》禁止诸侯王擅自增加赋税和徭役，对不依法向中央政府供应军需者规定严惩，突出了维护中央权威的内容。

威胁汉初政治稳定的主要因素，是诸侯割据的局面依然存在。刘邦是反对诸侯割据，主张国家统一的。在平定三秦过程中，他就一举废除了雍王章邯、塞王司马欣、翟王翳、河南王申阳、魏王豹、殷王司马印的封地。但是，在楚汉相争不下时，为了孤立和打击项羽，他又不得不分封彭越、韩信、英布等兵力雄厚的将领为王。加上归汉诸王，在汉初与各郡县并存的，有7个异姓诸侯王。他们是：燕王臧荼、韩王信（韩国贵族，与韩信不是一人）、楚王韩信、梁王彭越、汝南王英布、赵王张敖、长沙王吴芮。诸侯王拥有封地，辖有军队，不断凭借封地发动叛乱，阴谋夺取政权。

公元前202年，距刘邦称帝还不到半年，燕王臧荼就领兵叛乱。刘邦迅速出兵，平定了叛乱。公元前201年，有人告发楚王韩信意图谋反。刘邦假称要巡游云梦，命令楚王到陈留相会。当韩信如期赶到时，刘邦下令将他逮捕，贬为淮阴侯。公元前199年，赵王张敖的丞相贯高谋害刘邦未遂，刘邦将张敖贬为宣平侯。公元前196年，诸侯王叛乱达到高潮。先是楚王韩信趁刘邦出征的机会在长安谋反，被皇后吕雉和相国萧何诱进宫中处死。接着，梁王彭越的部下告发他谋反。刘邦派使者到定陶，出其不意地将他逮捕，先废为平民，随后处死。不久，淮南王英布又在封地大举叛乱。年已老迈的刘邦不顾体弱多病，率领大军东征。英布战败后逃走，途中为当地百姓所杀。韩王信于公元前201年投降匈奴，并勾结匈奴贵族入寇边疆。刘邦亲自带兵征讨，于公元前196年击杀了韩王。这样，汉初异姓王在7年间发动的9次叛乱都被刘邦平定，刘邦在平叛之后不再分封异姓王。平定异姓王叛乱，既巩固了刘邦家族的统治，也维护了国家统一。

刘邦是一位有远见的开国皇帝，在取得平叛胜利后，他没有喜而忘忧。公元前196年，刘邦东征英布凯旋还师，路过故乡沛县时，召集家乡父老们宴饮。在酒席宴上，刘邦回顾了自起兵沛县到创立汉朝的艰辛历程，不禁慷慨高歌。他一边击打乐器，一边高唱即兴而编的《大风》歌："大风起兮云飞扬，威加海内兮归故乡，安得猛士兮守四方！"他看到，在风云激荡的岁月里，一个强大而顺应历史潮流的王朝虽已建立，但巩固政权的任务还十分重大，他希望有更多的猛将勇士起来保卫边疆、捍卫统一。刘邦在东征英布时受了箭伤，伤重不治，于次年四月二十五日在长安逝世，终年61岁。

汉文帝刘恒

汉文帝刘恒，生于公元前202年；公元前180年九月即皇帝位，公元前157年六月病死于未央宫。他在位23年，终年47岁，是我国封建社会中的一位少有的贤明皇帝。

刘恒是汉高祖的第四子，为薄姬所生。刘恒8岁的时候，代地陈豨举兵犯汉，自立为代王。刘邦带兵平叛，陈豨为周勃所杀。就把刘恒封为代王。刘邦死后，薄姬为了逃避吕后的暗算，主动要求随子出京；又因薄姬平时为人和善，也从不敢得罪吕后，所以吕后同意薄姬的要求，让她到代地做了太后。公元前180年七月，吕后去世。九月，周勃和陈平巧设计谋，灭了吕后所有亲信，迎来代王刘恒，拥立为皇帝，即汉文帝，时年24岁。

汉文帝即位后，以高祖刘邦的既定方针为基础，推行了一系列治国利民政策，开创了"文景之治"的局面。文帝为人谨慎，而且富有谋略。他即位后，十分注重选用有才能的人治理国家。他拜屡出奇计的重要谋士陈平为左丞相，英勇善战屡建军功的大将军周勃为右丞相，灌婴为太尉；以自己的心腹宋昌为卫将军，统帅南北军；封讨伐诸吕有功的两个兄弟刘章为城阳王、刘兴为济北王；又下令各郡国察举"贤良方正"，选拔博学多谋的贾谊和晁错等人到朝中任职。文帝知人善任，为了熟悉国家大事，有一次朝会时询问右丞相周勃："全国一年审理和判决多少案件？"周勃抱歉地说："不知道。"文帝又问："全国一年收入和支出的钱粮有多少？"周勃又谢罪说不知道。文帝又问左丞相陈平。陈平说："这些事都有主管的官吏。"文帝问："主管的人是谁？"陈平说："陛下要了解审理和判决的案件，可以询问廷尉；要了解钱粮的收支情况，可以询问治粟内史。"文帝说："既然各有主管的人，那么你们又管什么事情呢？"陈平说："作为宰相，对上辅佐皇帝，对下哺育万物生长，对外镇服夷狄和诸侯，对内则使百姓归附，使公卿大夫各尽其职。"文帝说："你的回答很有道理。"周勃自感水平不如陈平，很是惭愧，就借口有病，请求免去右丞相职务。从此，陈平独自担任丞相。

　　汉文帝在平定边境叛乱方面，十分注重安抚为主，武力为辅的策略。对北方匈奴，他一方面派兵加强边防，另一方面则继续推行和亲政策，取得了明显成效；对其他少数民族，则重在安抚。高后四年（前184年），南越（桂林、南海一带）王赵佗称帝谋反，进攻长沙。吕后曾派兵迎挡，没有取胜就死去了。从此，赵佗更加猖狂，不断在边境上掠夺。文帝即位后，对南越的骚动，没有兴师动众，而是采用安抚的办法。文帝知道，赵佗是真定人（今河北正定），祖先坟墓都在那儿，就派人修理这些坟墓，一年四季祭祀，并设立了管理坟地的机构，文帝还把赵佗的叔伯弟兄封了官。他想起陆贾从前见过赵佗，两人关系甚好，就派他为使臣，拿着礼物，带着信件去见赵佗。文帝在信中说："得了你的土地，中国也大不了；得了你的财富，中国也富不了。因此，服岭（大庾岭）由你自己处理吧。你称皇帝，必然形成两个皇帝并立，可是又没有使者往来，这就引起争端；争而不让，仁德的人是不愿意的。为此，我愿意跟你去掉从前的不和，希望你也能同意，不要再来侵犯。"赵佗看了这封信，深受感动地说："既然现在蒙皇上这样可怜我，恢复我原来的封号，又像以前一样有使者来往，我马上就可以不称帝了。"此后，他去掉帝号，主动向汉朝称臣。吴王刘濞称病不到京城朝见，文帝没有责怪他。大臣们都主张去征伐，文帝却说他年老了，行动不便，就赐给他几、杖，准他不必上朝，暂时避免了一场战争。汉文帝的宽宏大度，使汉朝进一步增进了与边境少数民族的友好往来。

　　文帝即位后，十分重视恢复和发展农业生产。他曾多次讲过："农业是天下的根本，没有比它再重要的了；人民有吃有穿，天下才会太平。"为发展农业生产，他进一步减轻农民负担。文帝即位的第二年，就免去天下田租一半；13年后，完全废除了田租。每年的春天，他还亲率大臣耕作，生产供祭祀用的粮食。为了促进农业的发展，他还规定农民种地没有种子，由各县借给他们；没有口粮，由各县贷给；发生天灾，由各县赈济。公元前158年（后元六年）夏，天下大旱，蝗虫成灾。文帝施加恩惠，令诸侯不要入贡，废除禁止民众开发山林湖泊的法令，减少自用的衣服、车驾驹马，缩减郎官、官吏、官员的名额，发放仓库的粮食以救济贫民等。这些措施，深受农民欢迎，调动了生产积极性，粮食产量逐年提高，国家也逐渐富足起来。为了缓和阶级矛盾，文帝废除了一人犯罪，父母及其家属连坐的法令，废除了面上刺字、割鼻子、砍足等残害身体的肉刑。

文帝十三年间，齐国（汉代封王之国）太仓令淳于意是一个清官，但他一向散漫，不愿受什么约束。因为他会医术，后来就辞官看病。有一次，一个大商人的姨太太患了病，请淳于意医治。那女人吃了药不见好，过了几天死去了。大商人告他庸医害命，被当地官吏判刑。他的小女儿缇萦听说后，跟他到长安上殿见汉文帝，侍卫不让进，她就写信给皇帝，信中说："我父亲犯了法，受到肉刑处分，我不但为父亲伤心，也替天下所有受肉刑处罚的人伤心。因为，一个人死了不能再活，割了鼻子不能再接上，悔过也来不及了。我愿给公家做奴婢，替父亲赎罪，让他有个悔过机会，恳请皇上开恩。"文帝看了信，深受感动，非常同情小姑娘的一片孝心。他表示坚决废除肉刑，并采纳了丞相张苍拟定的代替肉刑的几条办法：废除脸上刺字，改为服苦役；废除割鼻子，改为打300板子；废除砍左、右足，改为打500板子。

汉文帝不仅亲自过问法律的制定，对不合理的条文及时修改，而且坚持法律一经成文，就要人人遵守，皇亲国戚概不例外。《资治通鉴》和《汉书》中都记载了一些文帝带头执法的故事。比如有一次，文帝外出路过中渭桥（长安附近渭水上的一座桥梁）时，碰巧有人也从桥下走出，使文帝的马受惊而逃。文帝一时发怒，便想加重制裁。廷尉张释之却对文帝说，法律对每个人应该都是一样的，不能以人的身体贵贱而变更。文帝称赞他做得对。结果，张释之以量刑标准，对那个人处了罚金。像汉文帝这样一个封建王朝至高无上的统治者，能做到以身守法，实在是难能可贵。文帝的一生节俭，在封建帝王中也是罕见的。他继皇帝位23年，宫室、园林、狗马、衣服、车驾都没有增加。有一次，他打算建一露台，召来工匠一算，需要花费100斤黄金，相当10户中等人家的财产，感到太浪费，就决定不建了。他说："我奉先帝宫室，就常常感到不安和羞愧，为何还要浪费那么多钱为自己建露台呢？"文帝平时经常穿着黑色粗布做的衣服，就连对他所宠爱的慎夫人，要求也很严格，规定衣裙下摆不准拖到地面，帷帐是素面，全不刺绣，也没有花边等。他修建陵墓时，下令随葬品只能用陶器，禁止用金银铜锡等贵重物品。他在遗诏中说："给我送葬的车马，不准陈列兵杖；送葬人戴的白布孝带宽不超过三寸；治丧期要短；在治丧期间，不要禁止百姓结婚、祭祀、饮酒和吃肉。"由此可见，他还是一个能坚持与人民同甘共苦的皇帝，这也是他一直为历史所称道的重要方面。

汉景帝刘启

刘启生于公元前189年，在10岁的时候被立为太子。公元前157年，32岁的刘启即位。他接手的是一个国泰民安的王朝，但因为文帝期间对于藩王的政策是安抚有余，施威不足，导致了同姓王的势力发展很快，他们拥有军队、自置官职，政治力量和经济力量不断增长。早在济北、淮南二王相继谋反时，贾谊就曾指出藩王势力是汉朝的一大疾病，当时晁错也提出相同的见解，主张削藩，但此建议没有被采用，还是安抚政策解决了问题。经过了多年的发展，藩王的势力已经对汉室构成了威胁。所以，景帝一上台，便采纳了晁错的建议。

晁错是历史上有名的臣子，在文帝时就做出了很大的成就，以敢于谏言、博学多才、能言善辩而著称。景帝即位以后，任命他为内史。后又拜为御史大夫，位列三公。晁错对于时事的分析向来很有见解，他认为藩王势力强大而又最危险的是吴王刘濞。刘濞是刘邦之侄，当初刘邦封他为吴王时就担心他会反叛，所以，告诫后人要注意他的动向。刘濞到封地以后，就不断地发展自己的势力，企图有朝一日夺取帝位。景帝为太子时，吴王世子入京，因一点小事，被景帝误伤而死，刘濞因此怀恨在心，更加强了势力培植。到景帝即位，刘濞已经准备了40年，成为对中央政府威胁最大的诸侯王。所以，晁错主张先削吴王的封地。但是这个主张遭到了外戚窦婴的反对，削吴的事没有得到有效的落实。但楚、赵、胶西三国都做了不同程度的削夺，楚王削了东海郡，赵王削了常山郡，胶西王削了6县，晁错又修改有关律令30章。一时诸侯喧哗，反响强烈。各藩王无不将晁错恨之入骨。晁错的父亲意识到了儿子的危险，特意从家乡颖川赶到京城劝说儿子。结果晁错不为所动，气得其父服毒自尽。最后景帝也决定削夺吴的两个郡。

吴王刘濞见朝廷有所行动，立即联合其他藩王叛乱。他以"诛晁错、清君侧"安社稷为旗帜，联合各地诸侯王起兵。公元前154年正月，削吴诏书一到，刘濞便在广陵（今扬州）起兵，接着胶东、胶西、济南、淄川四国起兵，包围齐都临淄，赵则与吴兵汇合西进，声势之浩大可谓前所未有，史称"吴楚七国之乱"。久居太平的景帝从没见过这架势，当时也慌了手脚。一些奸臣趁机也想除掉晁错。其中曾任吴相、与晁错有隙的袁盎与窦婴说动景帝杀晁错以息叛乱，说是这样就可以兵不血刃地将叛乱平息。景帝虽然知道晁错是朝廷得力的栋梁大臣，但也想不出更好的办法，于是就一面调兵遣将，一面诛杀晁错，并派袁盎等去宣谕吴王息兵。

景帝初时还以为叛乱可以就此平息，可是，他根本就是小看了吴王刘濞的野心。吴王刘濞嘲讽地说："我已经是东方的皇帝了，还有谁配给我下诏？"此时，景帝才知道自己错杀了晁错，这是一件令亲者痛而仇者快的蠢事。吴王根本只是给自己找了个借口，他的目的本来就不只是杀晁错。于是景帝派郦寄率领一支队伍击赵，派栾布率领一支队伍入齐。派太尉周亚夫率36位将军讨伐吴楚叛军，又拜窦婴为大将军，屯兵荥阳，统率全军。各位将领都显示出了杰出的才能，不到3个月就平了叛乱。其中赵王、楚王自杀，吴王逃奔东越，后被东越人杀死。胶东、胶西、济南、淄川四王全部伏诛。

七国之乱平定后，景帝把叛王封地做了一番调整，收回了藩镇的行政权和官吏任免权，使王国的独立地位被取消。从此，诸侯王只能享用王国的租税，而不能过问行政，成为只有爵位而无实权的贵族。这一平叛不仅使藩镇对于朝廷的威胁得以消除，也提升了景帝的威信，只不过晁错的死却是景帝一生的憾事。

文帝不仅是给景帝奠定了稳定的经济基础，其政治、经济等政策也让景帝受益匪浅。他即位后，基本保持着原来的治国方针，保持安定局面，发展生产，休养生息；采用的也是劝农、薄敛、轻刑等措施发展生产，并在一些方面做了必要的改进；对外则依然继续和亲匈奴，以保证边塞的稳定。

中国自周秦以来一直重视农业生产，强调农桑之本的重要。景帝也是一样，他认为"农，天下之本也。黄金珠玉，饥不可食，寒不可衣，以为币用，不识其终始。间岁或不登，意为末者众，农民寡也。其令郡国务劝农桑，益种树，可得衣食物……"所以各郡国务劝农桑。为了使农牧资源得到合理配置，景帝即位后就宣布允许人民迁徙到地广人稀的地区去发展生产。为了鼓励农人劳作，他还宣布减免一半田租。汉代田租常制是"十五税一"，景帝将其改为"三十税一"。为了与民休息，景帝非常注意节省民力。他在位期间，除为自己修建了一座规模不大的阳陵外，基本上没有兴建其他土木工程。

轻刑也是景帝比较重视的一项安民措施。文帝时期将肉刑改为笞刑，如当割鼻者改为笞打三百，不过就是这样，犯人也是常常被打成残废甚至被打死，景帝将其做了不同程度的修改。后来，景帝还废除了磔刑——一种分裂尸体的酷刑，将其改为弃市。为了避免枉屈无辜，景帝一再强调决狱务必先宽，即使不当，也不为过。要求法官不可"以苛为察，以刻为明"，要求判案时要依律判决，若罪犯有不服，则需要重新评议，一切都要体现宽厚仁慈。

汉朝历来尊崇黄老的无为而治的思想，景帝也是继承了这一思想，处士王生是黄老道学大师，常被召居宫内，与景帝谈黄老思想精髓。景帝还在学术上对诸子采取兼容并蓄的态度，允许百家争鸣，而且也十分注重儒家的教化作用。当时为儒家设立了不少博士官，《诗》、《书》、《春秋》等均立博士，景帝起用《公羊》学大师董仲舒和胡毋生为博士，推动了儒家的教化和影响。地处西南的蜀郡郡守文翁选了十几个人来到京城拜博士官求学，数年后返回郡中，在成都市内盖起全国第一所地方官办学校——成都学馆，使蜀郡教化大行，后来普及全国的郡国学校就是以蜀郡学馆为楷模建立起来的。使这片原本是蛮汉杂居，文化、风俗都很落后的地方，一时大有改观。

对于边疆的问题，景帝继续采取汉初以来与匈奴和亲的政策。但匈奴一方还是时常小规模地入侵汉境。对于匈奴的入侵掠夺，景帝也像文帝一样偃兵休息，从未进行大规模出兵反击，只是采用增调部分骑步兵屯守防御。为了维护汉匈和睦关系，景帝还在汉匈边界设置关市，互通有无，大大促进和便利了汉匈之间的经济文化交流。这种宽厚的政策，保证了汉朝社会的安定局面。

在用人方面，景帝也还知人善任、择贤而任。郅都是执法不避权贵的刚正官吏，景帝于是拜他为济南太守，惩治几任太守都束手无策的大恶结果郅都到任后，即刻诛杀该族首恶。一年之后，济南郡成了路不拾遗的清明之境。后来景帝又任他为雁门太守，匈奴畏惮郅都，不敢靠近雁门。景帝调刚直不阿的宁成为中尉，专门惩治为非作歹的宗室权贵；景帝任敢于直谏的程不识为评议朝政的太中大夫；任守口如瓶的周仁为郎中令，作为贴身近臣。景帝用人，一向用其所长，不计此人的身份地位，只要有用能用都加以任命。

外戚是汉室从高祖时起就很敏感的问题。景帝对此颇能分清彼此，不以偏概全，既不让外戚专权，又能任用确有才能的外戚以适当的官职。比如任命窦婴为大将军，后来窦太后几次让景帝拜窦婴为丞相，景帝却没有听取，认为他只适合做武官，而不适合做丞相，最后还是拜卫绾为丞相。

景帝于公元前141年死在未央宫中，在位16年，终年48岁。景帝死去的当天，汉武帝刘彻即位。

汉武帝刘彻

公元前156年七月初七，汉武帝刘彻出生。他父亲汉景帝刘启正好在这年登基，所以他一出生便是皇子。传说汉武帝母亲怀孕时，梦见太阳钻入怀中。汉景帝听说后很高兴，认为这是一件吉利的事情，预示着这孩子将来会有大作为。

刘彻的初名为"彘"，他生性聪明，勤学好问，7岁的时候"诵伏羲以来群圣所录阴阳诊候，及龙图龟策数万言，无一字遗落"。汉景帝见其"圣彻过人"，于是把他的名字改为"彻"。后元三年（前141年），景帝去世，16岁的刘彻即位，是为汉武帝。

在"文景之治"时期，汉朝经济得到了恢复和发展。但是，在老子思想的影响下，"无为而治"严重阻碍了君权的集中，造成了人心涣散、一味向入侵匈奴妥协的局面。要想管理好国民，首先要改造国民的思想，让国民自觉地遵守法制、听命君主、为保国土而仇视匈奴。为此，从小就受到儒家思想影响的汉武帝在全国范围内推行了儒术。

为了顺利推行儒术，汉武帝罢免了年事已高的宰相卫绾，任魏其侯窦婴为宰相，任母舅田蚡为掌握军权的太尉。窦婴和田蚡都喜欢儒术，他们又向汉武帝推荐了儒生出身的赵绾和王臧。汉武帝任赵绾为御史大夫，王臧为郎中令。

汉武帝与儒臣合作，决心推行一场政治改革。一方面，他整顿法规，严格执法，要求臣子相互检举违法乱纪的官员，特别是皇亲国戚，罪行一旦被核实就对其贬谪；另一方面，为了削弱王侯的权力，他令住在京城的王侯迁回各自的封地。

元光元年（前134年），汉武帝召见大儒董仲舒，向其探询治国良策。董仲舒将自己的一整套儒家治国思想说给汉武帝听，提出了颇有见地的治国安邦之策，深得汉武帝之心，史称"贤良对策"。

为了达到独尊儒术的目的，汉武帝在全国范围内推行了儒学教育体制，用儒家思想来培养接班人。元朔五年（前124年），汉武帝接受董仲舒的建议，兴办了完全把儒家五经作为教学课程的太学，聘请儒学博士担任老师。由于国家的大力提倡，太学生数逐年增加，到西汉末已多达上万人，这些人成了封建专制主义中央集权的最有力的维护者。另外，汉武帝还号召在郡国兴办地方学校，使儒学成为士人进身入仕的阶梯，将国家体制与儒家思想有效地结合起来。

汉武帝之所以要推崇儒家思想，主要是为了大力加强中央集权。为了加强君主集权，他采取了一些行之有效的措施。

汉武帝即位时，丞相大多为开国功臣，位高权重，往往牵制了皇权的效力，汉武帝对这种丞相分权的局面极为不满。好在这些丞相基本上都已年老或者去世，汉武帝便趁机不拘一格地选拔人才，让众多的儒生代替元老们掌握国家政权。同时，他一面通过打击丞相来加强自己的权力，一面进行官制改革，取消军功贵族的特权。

汉高祖在位时曾封了很多刘姓的王，被称为同姓王。后来，这些

汉武帝陵

同姓王的后裔横行乡里，对抗中央。为此，汉武帝采取"强干弱枝"的政策，着手削弱地方的割据势力。汉武帝从"大一统"理论中找到了加强中央集权、打击地方势力的理论依据。为了彻底削弱诸侯王的势力，他在元朔二年（前127年）采纳了主父偃的建议，通过颁布"推恩令"来清除分封制。推恩令规定，诸侯王的王位除了由嫡长子继承以外，还可以用"推恩"的形式让其他的儿子在本侯国内分封。新的侯国可脱离原来王国的限制，有独立的地域，且不再受原国王管辖，而直接由各地的郡县来管理。"推恩令"名义上是皇帝施以恩德，但实际上却剥夺了诸侯王的政治军事权力，削弱了他们的势力。

汉武帝在打击地方势力的同时，还着手打击地主豪强，并且加强了对地方官吏的控制。西汉初年，由于政策的宽松，刑罚被减轻，地方豪强势力得到很大发展。随着时间的推移，各地出现了一批以强凌弱、以众暴寡的豪强地主。为了实施对他们的有效控制，汉武帝除了继续推行汉初以来将豪强迁至关中、直接监管的策略外，还任用酷吏来诛杀豪强。

为了加强和完善对全国各地的监察，汉武帝改革了汉初的监察制度。他把全国分成了十三个监察区，每个区叫作部，每部派出一名刺史，仅中央的刺史叫作司隶校尉。刺史不处理行政事务，专门检查各地豪强的违法行为和地方长官郡守、国相等人的营私舞弊行为，防止郡守和地方豪强们相互勾结、对抗中央，避免以前同姓王犯上作乱局面的再次出现。同时，刺史要负责向中央推荐优秀官吏或罢免政绩不好的官吏。这一措施的施行，使地方豪强势力受到遏制，社会趋于安定。

除此之外，汉武帝还设置了御史中丞、司隶校尉和丞相司直三大监察系统。这样一来，朝内外的绝大部分官员处于被监察的范围内。

从西汉初到汉武帝时，基本上都是军人当权。为了改变政治官员的构成，汉武帝听从董仲舒的建议，通过一系列法令、措施，建立了以选拔文官为主的用人制度。

汉武帝在继续推行汉初察举制的同时，扩大了察举的范围。在汉朝初期，只有贤良和孝廉两科，汉武帝在此基础上增加了儒学、明法（明习、通晓法令）、德行、学术等科。汉武帝命令郡守向中央推荐德才兼备的人，否则就要受罚。

汉武帝在完善察举制的同时，还建立了征召制。征召制、察举制与公车上书制互相配合，使汉武帝网罗了大批优秀人才，壮大了他的统治基础。

　　由于社会经济条件的局限，汉初实行了黄老的"无为"政治。这种治国思想虽然在一定程度上加强了汉族和少数民族之间经济文化上的联系，但同时也助长了西北边疆和蒙古高原匈奴贵族的嚣张气势。他们经常侵扰西汉边境，给边疆吏民带来了灾难，也对西汉政权的稳固造成了威胁。

　　文景时期，西汉朝廷在对待匈奴方面基本上以和亲为主，以此换取短暂的和平。到了汉武帝时期，经历了前几代的发展后，生产有了较大发展，西汉的国库逐渐充实起来，士兵军事素质也提高到了一定的水平，基本上具备了大规模反击匈奴的实力。正是在这种情况下，汉武帝决定对匈奴进行彻底的打击，洗刷数年来的耻辱。建元三年（前138年），汉武帝派张骞出使西域，联合西方的大月氏国，夹击匈奴。随后又命令卫青、霍去病率领部队对匈奴进行了远征。经过数次打击，匈奴一蹶不振，再也无力骚扰中原，只好迁往北方很远的地方。此外，张骞出使西域，虽然没有达到联合大月氏抗击匈奴的目的，但是自此开始了大西北的开发，不仅断了匈奴右臂，更重要的是打通了通往西域的道路，形成了沟通古代欧亚交通的"丝绸之路"。

　　汉武帝在位期间，还完成了对东南和南方的统一以及对西南地区的开发。元封三年（前108年），汉武帝又发兵东北，降服了那里的高丽等郡，加强了朝鲜与中原的文化交流。此后，武帝威名震慑四方。

　　汉武帝做了半个多世纪的皇帝，把汉朝推向鼎盛的时期，在文治武功上都有一定的建树，如果他不是在晚年犯了些错误，或者真可以称得上是一个完美的皇帝。但是，现实里绝对没有如果，所幸的是，他后来对自己的过失做了反思。但是历史不会遗忘，人们所承受的苦难也不会被遗忘。

　　汉武帝晚年繁刑重敛，信惑神怪，巡游无度，使百姓疲敝，尤其是中外交往开始频繁后，各种珍奇宝贝更是让武帝大开了眼界，这同时也刺激了武帝的消费欲，他开始广设苑囿宫殿，陈设布置也是日渐奢华，其他贵族官吏也竞相攀比，奢靡之风日盛。或者是他想用这种方式对那些州国人显示大汉的富庶，所以经常给那些外国使者、商人等赏赐，那些人回去后，又带来了更多的人，结果使国家因此而支出无度。

　　另外，他还喜欢巡游，仅仅公元前110年的那一次，就行程18000里，沿途"所过赏赐用帛百余万匹，钱金以巨万计"。可见其奢华程度！在这样的

第二章　秦汉时期的名帝

情况下，农民怎能不贫困？农民不得好过，那么他们就会起来反抗。于是，全国各地相继出现农民起义，虽然这些起义最终都被镇压，未能从根本上撼动汉王朝的统治，但这足以让他听见警觉的钟声。后来，他开始转变以前的政策，将注意力转向农业生产和经济的恢复。

汉武帝受方士们的诱惑，很喜欢祀神求仙。并试图寻找可以长生不老的药，甚至封一个骗子——据说有长生不老药的人——五利将军、天士将军、地士将军、大通将军、天道将军，并黄金万两，将女儿嫁给他，这个人就是栾大，直到事情败露，才将这人拦腰斩了。但这个巨大的骗局并没有让汉武帝醒悟，他依然幻想着有一天能够找到海上的神仙，能够让自己长生不老。

武帝晚年的时候，变得疑神疑鬼，有一次因为做了个噩梦便着人下去调查，认为是有人在诅咒他，结果出现了"巫蛊之祸"。先后枉杀了几万人，其中包括丞相、亲生女儿、皇后的侄子等，后来有人污蔑太子诅咒武帝，太子被迫假传圣旨斩了这个负责调查的人，发兵攻占长安的要害部门，结果皇太子兵败自杀。直到第二年，武帝才查明太子原来是冤枉的。后来丞相刘屈氂和将军李广利也被指控诅咒皇帝，结果刘屈氂被杀，将军李广利则投降了匈奴，所率部队7万余人几乎全军覆没。这次惨败让汉武帝彻底清醒了，他亲自调查了巫蛊事件，结果证明大多数是办案负责人江充的诬陷之罪，他后悔莫及。

这时候他才开始自我检讨，并在泰山明堂祭祀的时候对着苍天和臣子们做了自我检查，遣散了所有方士，并下了"罪己诏"，宣布"当今务在禁苛暴，止擅赋，力本农"。任命田千秋为丞相，封为"福民侯"。任命赵过为搜粟都尉，推广"代田法"和先进的农用工具，开启了"昭宣中兴"的西汉盛世。

不过此时，汉武帝已经垂垂老矣。公元前87年，武帝一病不起，于是在病床前立了太子刘弗陵，为了怕太子的亲母专权，还赐死了其母钩弋夫人。封霍光为大司马、大将军，辅佐皇太子。次日，武帝病逝。

第三节
东汉名帝

汉光武帝刘秀

光武帝（前6—公元57年），名刘秀，字文叔，南阳郡蔡阳县（在今湖北省枣阳县南）人。出生时传说有赤光照堂中，尽明如昼。9岁时他的父亲去世，由叔父刘良抚养长大。年轻时的刘秀，高个头，高鼻子，前额有点突出，相貌堂堂一表人才。《后汉书·光武帝纪》是这样记载的："身长七尺三寸，美须眉，大口，隆准，日角。"他从小喜欢务农，处事谨慎，讲信用，性情温和。他的哥哥刘绩与刘秀的性格迥然不同，性情刚毅，不事家业，刘氏皇族的意识特强，对新莽政权极端不满，破产散财，交结雄俊人物，颇有取天下的野心。因此刘秀常被哥哥嘲笑，笑他胸无大志。

新莽末期，连年灾荒，各地农民揭竿而起，天下大乱。地皇三年（22）十月，刘绩在春陵起兵，而刘秀和李通的从弟李铁在宛城起兵。他的哥哥再也不敢小瞧他。十一月，刚起兵的刘秀等人的军队就与官军相遇，由于指挥不当，结果大败。但由于起义军很得人心，不久便发展到十余万人。于是将领们都主张拥立一个刘姓的皇帝，以此统一号令，顺应人心。南阳一带的豪杰都认为刘绩最为合适。但新市、平林军的将领们大都散漫放纵，害怕立刘绩做皇帝后失去人身自由，便把懦弱的刘玄拥立为皇帝。刘玄登位后即封刘秀的哥哥为大司徒，封刘秀为太常偏将军。

南阳一带的情况引起了王莽震惊，他急忙调兵遣将，集结了43万人马，命司空王邑与司徒王寻率领兵马前往镇压。由于王邑、王寻过于轻敌，被刘

第二章 秦汉时期的名帝

汉光武帝刘秀陵墓

秀率军击得溃不成军。这次战争也成了王莽政权的丧钟。更始元年（23年）九月，刘玄的军队相继拿下长安和洛阳，王莽政权灭亡，刘玄定都洛阳。

定都后，刘玄需要派一员亲近大将代表朝廷去河北一带宣示朝廷旨意。刘秀领命去了河北。在河北，刘秀考察官吏，按其能力升降去取，自由施展。他还平反冤狱，废除王莽苛政，恢复汉朝的官吏名称，通过这些措施使得他很快巩固了在河北的统治地位。刘玄发觉后，急忙让使节赶到河北封刘秀为萧王，并命令刘秀停止一切军事行动速速回京。但刘秀以"河北未平"为由拒绝回京，刘秀与刘玄从此分裂。

由于这时爆发了赤眉起义，刘秀利用机会加大收编起义军，壮大自己的力量，而刘玄这时也被起义军击败。刘秀经过几年的战争后使割据的局面得到了统一，并于建武元年（25年）登帝，史称汉光武帝。

光武帝即位后，在总结前朝的基础上，确立了一套新的治国方略，其核心是好儒任文、以柔治国。为了稳定和巩固封建统治，首先致力于整顿吏治，加强专制主义中央集权。他鉴于西汉末年"上威不行，下专国命"的教训，于是"退功臣而进文吏"，虽封功臣为侯，赐予优厚的爵禄，但禁止他们干预政事。对诸侯王和外戚的权势也多方限制，所以当时宗室诸王和外家亲属都比较遵奉法纪，无结党营私之名。

在行政体制上，刘秀一方面进一步抑夺三公职权，"虽置三公，事归台阁"，由尚书典守机密，出纳王命，使全国政务都经尚书台，最后总揽于皇帝；另一方面，加强监察制度，提高刺举之吏，如御史中丞、司隶校尉和部刺史的权限与地位。建武六年（公元6年），刘秀又令司隶州牧各实所部，省减吏员，全国共并省400多个县，吏职减省至十分之一。这些措施强化了皇帝的权力，达到了"总揽权纲"的目的，并在一定程度上提高了封建官僚机构的行政效率。

与此同时，刘秀还采取了不少措施来安定民生，恢复残破的社会经济。如建武六年下诏恢复三十税一的旧制，并且罢郡国都尉官，停止地方兵的都试，一度废除了更役制度。次年又令轻车、骑士、材官、楼船士及军假吏遣散还乡，发弛刑徒屯田边境以代替征调的戍卒等。据史书记载，光武帝统治后期"兵革既息，天下少事，文书调役，务从简寡"。这多少反映了东汉初年的封建租赋徭役负担，比起西汉后期和战争期间有所减轻。

建武二年至四年，刘秀又前后九次下诏释放奴婢，或提高奴婢的法律地位。规定民有被卖为奴婢而愿意归随父母的听其自便，奴婢主人如果拘留不放，就依法治罪，对于没有释放的官私奴婢，也在法律上给予一定的人身保障，规定杀奴婢的不得减罪，炙伤奴婢的要依法治罪，又废除了奴婢射伤人处死刑的法律。这些措施的实行，使大量奴婢免为庶人，对于广大流民返回农村，促进生产，无疑起了积极的作用。建武初年，全国户籍遗存的人口只有五分之一，田野荒芜，到建武五年情况已有所好转，土地逐渐得到垦辟。光武帝末年，载于户籍的人口已达到2100多万人。

虽然光武帝统治时期，经济上达到了"中兴"，但是，他的政权是建立在世家豪族的基础上的。所以在他即位之后，就宣称要以"柔道"治天下。所谓的"柔道"，实则就是扶植和保护世家豪族的利益。

建武十五年（39年），刘秀为了稳定封建统治秩序，加强专制主义中央集权，针对当时"田宅逾制"和隐瞒土地户口的严重现象，下令全国检核土地户口。郡县守、令不敢触动贵戚官僚和世家豪族，反而在清查过程中"多为诈巧，不务实核"，"优饶豪右，侵刻羸弱"。结果，激起各地农民的反抗，郡国的豪强大姓也乘机作乱。对此，刘秀采取了不同的对策。对于农民的反抗斗争是进行分化和镇压，对于大姓兵长，则在处死度田不实的河南尹张等十几名郡守之后，即下令停止度田，向豪强地主让步。光武帝在其统治末年还"宣布图谶于天下"，企图以儒家学说与谶纬神学的混合物作为思想武器，加强对人民思想的统制。

建武中元二年（57年）二月戊戌日，光武帝在洛阳南宫前殿去世，享年64岁。

汉明帝刘庄

汉明帝（27—75年），名刘庄。幼名阳，是东汉光武帝刘秀的第四个儿子，东汉第二代皇帝。少年时师从经学大师桓荣学习，10岁时，就能背诵和理解古典名著《春秋》。由于较早地在刘秀身边学习和观察政务活动，增加了他的才干。

建武十五年（39年），刘秀下令检查天下的垦田和户口，并命令刺史、太守们逐一汇报。到汇报这一天，12岁的刘阳站在刘秀身后，观察上报官吏的神色。而刘秀仔细检查着文书，翻着翻着，在陈留县的吏牍中发现了这样一句话："颍川、弘农可问，河南、南阳不可问。"刘秀莫名其妙，问下面的官吏们，大家也说不出个所以然来。这时，站在刘秀身后的刘阳得到父亲的准允，站出来说："河南是首都所在，中央高级官吏都住在这里；南阳是陛下的故乡，陛下的亲戚多居住于此。因此对这两个地方的田亩数字，负责检查的官员们当然不敢多问。"刘秀恍然大悟，惊叹12岁的孩子有如此锐利的眼光，于是有了以刘阳为帝位继承人的打算。但由于这时刘强是太子，刘秀在刘强没有任何错误的情况下是不能废除他的，所以刘秀左右为难。

建武十七年（41年），刘秀以"怀势怨怼、数违教令"的罪名，废黜了郭皇后，另立阴丽华为皇后。皇太子刘强觉得母亲被废，大势已去，不得已上书刘秀，请求让位，出镇藩国。刘秀觉得时机成熟，于是在建武十九年（43年），下诏封刘强为东海王，立东海王刘阳为太子，改名为庄。建武中元二年（57年），刘秀去世，刘庄正式即帝位，史称明帝。

汉明帝刘庄崇尚儒学，他命令皇太子、诸侯王及大臣子弟、功臣子弟，都要读经。又为外戚樊氏、郭氏、阴氏、马氏诸子弟立学校于南宫，聘任高明的经师传道授业。明帝在"五经"之中，又独重孝经，倡导"以孝治天下"，甚至命令宫门、羽林的守卫士兵都要背诵孝经。对礼仪制度，明帝也非常重视，他亲自与东平王刘苍讨论，制定了祭祀天地和祖先的仪式，按等级建立了一套天子、王侯、百官的车服制度。

　　明帝还十分提倡尊师重道，明帝为太子时，曾跟博士桓荣学过《尚书》，即位以后仍尊桓荣以师礼。明帝这样做当然是出于师生之谊，然而更重要的是为天下树立表率，向社会倡导一种尊师重道的风气。

　　在对付周边游牧民族的侵扰问题上，由于社会的安定和国力的恢复，明帝一改光武朝的守势，采取积极进攻的战略。永平八年（65年），北匈奴骑兵进攻河西诸郡，焚烧城邑，杀掠甚众，人民深受其害，以至河西城门昼闭。永平十五年（72年），北匈奴又侵犯河西，而且胁迫西域小国随同入寇。面对北匈奴势力的猖狂侵扰，明帝派遣窦固和耿秉出屯凉州（东汉治陇县，今甘肃清水县北），作为北伐的准备。永平十六年（73年），明帝命令诸将率同南匈奴及乌桓、鲜卑等少数民族组成的骑兵部队，出塞北征，揭开了东汉政府同北匈奴战争的序幕。这次出征，窦固西出酒泉，在天山（今新疆吐鲁番城北）击败匈奴呼衍王部，追至蒲类海（今巴里坤湖），占据了伊吾卢城（今新疆哈密）。

　　为了巩固军事活动的成果，窦固命令假司马班超和从事郭恂到西域诸国开展外交活动。班超和郭恂率领36人，先到鄯善，在鄯善国击杀匈奴派往该国离间汉与鄯善国关系的100多名使者，迫使鄯善王声明从今以后依附汉朝，永无二心，并且纳子为质。班超随着质子回到首都洛阳，明帝下诏提升他为军司马，命令其继续经营西域。从此以后，西域遂成中原统一帝国的一部分，得到长足的发展。永平十八年（75年）秋天，明帝开始染病，不久病逝于洛阳东宫前殿，享年48岁。

汉献帝刘协

　　公元181年，刘协踏着东汉的亡国之音来到了人世。他的母亲王美人是赵国（今河北邯郸市西南）的平民，后汉书评价其母为"丰姿色，聪敏有才名，能书会计"，很受汉灵帝的宠爱。然而作为一个没有后台的妃子，受皇帝宠爱也会招来杀身之祸。她的被宠引起了当朝何皇后的疯狂嫉妒。当王美人刚刚生下刘协后，何皇后就用药酒毒死了她。

汉光武帝刘秀所创建的"中兴王朝"，到桓、灵二帝统治时期就已经是穷途末路，外戚干政与宦官专权所造成政治腐败，已经是东汉王朝无法医治的顽疾。汉灵帝病死后，太子刘辨继位后，何太后（那个毒死献帝生母的狠毒女人）临朝，其兄何进掌握政权。从此，宦官和外戚便展开了一场争夺大权的拉锯战。先是何氏兄妹密谋召并州牧董卓领兵入京，用武力铲除宦官势力。然而，却被宦官先发制人，将何进杀死。

董卓接到何太后的密令后，赶赴洛阳的中途，宦官已经挫败了何进的密谋活动。司隶校尉袁绍这时并不同意远召董卓入京，认为利用现有的兵力已足以铲除宦官。袁绍带领一队人马包围皇宫，拘捕"诸阉，无少长皆斩之"，少数逃跑者最后也被迫"投河而死"，彻底消灭了宦官专权的日子。宦官已除，其时董卓已无进京的必要，少帝刘辨也派使臣传达停止前进的诏旨。可是，心怀异图的董卓还是直奔洛阳而来。在公元189年农历八月，董卓率领他的凉州军团开进了洛阳城，东汉的国都从此受到了恐怖的威胁。

公元189年农历九月，董卓废少帝刘辨为弘农王，8岁的娃娃刘协登上了皇帝的宝座，董卓先后自为太尉、相国，总揽了东汉王朝的军政大权。董卓这时也暴露出本性的贪婪无厌、凶狠手辣的狰狞面目。他"身先士卒"，"奸乱公主，妻略宫人"，更是放纵手下胡作非为，烧杀抢掠，无恶不作。献帝成了他的一具政治玩偶。

凉州军团的行径遭到了朝廷内外的怨恨，于是，各地讨伐军此起彼伏，初平元年（190年）正月，以袁绍为首的关东（函谷关以东地区）州郡纷纷起兵，组成了讨伐董卓的联军。

凉州军团善战，但无奈其兵力远不如关东联军多，且远离本土，补给艰难，作战形势极为不利。于是他们不得不主动撤退，迁都长安，强迫献帝及其嫔妃出宫。又"驱徙京师百姓悉西入关"，并放火焚烧洛阳宫庙及人家。这一天，东汉历经200年精心经营的名都顿成一片废墟。

董卓的倒行逆施激起广大臣民的愤怒。公元192年农历四月，司徒王允诱使吕布刺死董卓。将这个恶贯满盈的刽子手暴尸街头、破肚燃灯，遗臭万年。但天下并没有因此而太平，董卓的旧部在李傕、郭汜、张济、樊稠的统率下，打着为董卓报仇的旗号，在六月攻破长安，王允等公卿百官及士民万余人惨遭杀害。献帝刘协又成为李傕等凉州悍将手中的傀儡。

董卓的各旧部本来地位相近，现在取得了政权就开始各怀鬼胎，很快就升级为武力争斗。他们都知道谁控制刘协，谁就是胜者。这其中数李傕的势力最强，这一年，他强迫献帝从南坞迁移到北坞。公元195年，关中地区旱灾严重，饥荒让无数百姓流离失所。再加上连年兵灾战祸，人们纷纷四处逃亡。七月，郭汜、杨定、董承等领兵护送献帝一行东返洛阳。建安元年（196年）七月，这一行人终于到达了洛阳。当刘协东奔西跑之际，在中原地区，袁绍和曹操正在进行着频繁的政治斗争和军事斗争。孙策占据江东，刘表占据荆州，公孙瓒盘踞辽东……这其中，被人们评价为"治世之能臣，乱世之奸雄"的曹操已经是北方军阀中一支举足轻重的力量。这时的曹操力排众议，毅然决定派大将曹洪前去迎接汉献帝，不久又亲自来到洛阳，保卫京都和皇帝，曹操开始掌握了朝政大权。后来曹操接受董昭等人的建议，决定迁都许县（今河南许昌）。至此，这个苟延残喘的东汉朝廷总算有了个安身立命之处。

献帝刘协虽然处境艰难，但只要东汉王朝在名义上存在着，他的政治影响依然不容忽视，谁将献帝控制在自己的手中，谁就可以"挟天子以令诸侯"。曹操掌握了献帝，即掌握了政治上的主动权。献帝此时虽然没有行使皇帝的权力，但也总算还有个名分。

然而，这样的日子依然没过多久，随着公元220年农历正月曹操的病逝，汉朝也就开始了最后的终结，曹操的儿子曹丕继承了魏王位。十月，献帝逊位，将皇帝玺拱手奉献给曹丕。曹丕祭天登基，改称天子，封献帝为山阳（县治今河南焦作市东）公，并"邑一万户，位在诸侯王上，奏事不称臣，受诏不拜，以天子车服郊祀天地，宗庙、祖、腊皆如汉制，都山阳之浊鹿城"。

公元234年农历三月，刘协去世，时年53岁。八月，曹魏"以汉天子礼仪葬于禅陵"。做了一辈子傀儡的刘协终于走到了人生的终点，也让汉室就此终结。

知识链接

颠覆东汉的太平道教

太平道是道教早期的教派之一。它的创始人是东汉末年巨鹿（今河北平乡）人张角，因崇奉《太平经》而得名。关于《太平经》的来历，传说是汉顺帝时的方士于吉，在曲阳泉水之上巧遇太上老君，得到一本神书《太平清领书》，有百卷之多，这就是道教最初的重要经典《太平经》。这本书把老子神化为至尊天神九玄帝君，宣扬长生不死的神仙思想，提出建立公平而没有灾害的"太平世界"的政治理想。

东汉末年，这本书被张角所得，于是他以此书为经典，创立了太平道，教练弟子，以符水咒语、跪拜首过给人治病，收了很多信徒。张角自称大贤良师，派遣弟子到四面八方传教，在十多年间，就有了数十万信徒。

太平道尊奉"中黄太乙"为其主神，崇尚黄色，以阴阳五行相生相克的原理为基础，宣称要建立"黄天"之治。张角率领徒众起义后，口号是"苍天已死，黄天当立；岁在甲子，天下大吉"，张角自称"天公将军"，他的弟弟张宝称"地公将军"，张梁称"人公将军"。这就是东汉末年著名的黄巾军大起义。

由于起义的准备仓促及张氏兄弟的先后病故和战死，这次起义最终被残酷地镇压下去。之后，太平道的教团组织渐渐散落沉寂，传授不明。其信徒一部分加入五斗米道，也有一部分在民间秘密流传着。

第三章

魏晋南北朝时期的名帝

　　三国时期是一个混乱和割据的时期，形成了以魏、蜀、吴三足鼎立的局面。也是从汉代400年太平时期到400年混乱的过渡时代，也可说是魏晋南北朝大纷乱的开端。三国同时并存时间约34年，而因纷争局面就长达90年之久。

　　南北朝时期是西晋以后中国历史上又一个大分裂时期，从公元420年开始，到公元589年结束，共169年，历经56帝。

　　南朝经历了宋、齐、梁、陈四个朝代，都城都在建康（今江苏南京）。南北朝时期经济发展有所停滞，但北方相对统一，形成了黄河流域民族大融合，这促使了北方的诸族逐渐被汉族同化。南北分裂对于加速民族统一起到了极其重要的作用，是中华民族发展过程中的一个重要环节，为中国后世成为统一国家打下基础。

第一节 三国名帝

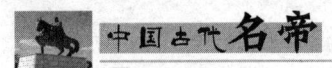

魏文帝曹丕

魏文帝曹丕是曹操的次子,生于公元187年,公元220年即帝位,至公元226年病卒,终年40岁,在位7年,年号黄初。

曹操雄才大略,堪称一世英杰。养民屯田,则是曹操得以统一中原北方的基本战略。魏文帝称帝后,继续奉行这一政策,促使中原经济得以恢复,使其又渐渐升回到全国重心的地位。这是魏文帝的主要功绩。

养民屯田早在曹操时就已开始。东汉末年,军阀混战,土地荒芜,粮食紧缺。针对这种状况,曹操根据东阿县令枣祗的建议,开始在许昌一带驻军队,开荒耕作,这叫军屯;后来又组织流亡的饥民百姓,按军队编制,给予土地、农具、种子,助其耕垦,称为民屯。屯田效果很大,头一年就得粮谷100万斛。这对解决粮食问题起了很大作用。

曹丕即位后,继续实行屯田政策,并扩大屯田规模。军民屯田主要分布在现在的河南及淮河流域。当时他置度支中郎将、度支校尉和度支督尉等官,各掌军屯事务。军屯使用士兵和其家属从

曹操像

事生产，对封建国家的隶属性更强。劳动生产时，以"营"为生产基层单位，每营60人。他们缴纳收获物的数量，与民屯相仿。凡有军队驻扎或士家居住之处，多有军屯。他们秋冬习战阵，春夏修农桑。"士家"是指士兵家属，他们另立主户籍，不隶州、郡，世代为兵。士兵逃亡则家属抵罪，士兵的寡妻由主管官为之主配给其他士兵为妻，通婚限于士家之间。他们的子弟除极少数因立功授官者外，一般不能做官，也不能免除士籍。屯田制的推行，开发了荒地，增加了生产，也减轻了人民的负担。

东汉末年，在农民起义的猛烈扫荡下，士人流散各地。乡、亭、里组织遭到破坏，致使秦汉以来的"乡举里选"的"察举征辟"制度，事实上已无法实行。"察举"，就是地方官吏考察选拔人才，向中央推荐；"征辟"就是封建王朝直接征聘人才。

黄初元年（220年）二月，曹丕为了取得世家大族的支援，采纳颍川士族时任吏部尚书陈群的建议，实行"九品中正"制度（"九品官人法"），在各郡、州设立"中正"官，负责察访本州、郡的士人，综其门第（家世官位高低）、德才（德行和才学），定出"品"和"状"，分为九个等级，呈报司徒，作为司徒选任官吏的依据。对于已任职的官吏，由中正官每3年向司徒汇报其任官政绩，予以升降。这种制度在初行时，还能比较重视被选者的"状"（根据被选者的品行、才学的优劣所下的简单评语），略有曹操"惟才是举"的精神。可是到了后来，由于担任中正官的大都是世族地主，他们选举人才的标准，越来越多地放在家世门第上，所以九品中正制度就逐渐变成了世族地方垄断选举的工具。这一制度的变化，到西晋时更加明显地表现出来，出现了"上品无寒门，下品无世族"的局面。从此，世族地主不必有什么才学，也不必有任何办事能力，只要凭借门阀的地位，就可以垄断做官的特权。九品中正制推行的结果，促成了门阀政治的发展。这一制度一直延续到隋代才被废除。

此外，魏文帝在其父曹操的影响下，还自幼热爱文学，著有《典论·论文》，对我国文学评论的发展颇有贡献。由于魏文帝即位后能继续推行曹操的各项治国之道，社会经济得到了迅速恢复和发展。据史料记载，从寿阳以西至京都洛阳，一路仓庾相望，粮食相当丰富。

黄初七年（226年）一月，魏文帝死。魏文帝死后，由他的儿子曹叡即位，这就是魏明帝。

蜀汉昭烈帝刘备

蜀，三国之一，刘备为开国皇帝。他出生于公元161年，公元221年称帝，公元223年卒，在位3年，终年63岁，年号章武。

刘备，字玄德，涿郡涿县（今属河北）人，是汉朝的远支宗室。刘备少时家贫，与母亲贩鞋织席为业。他自幼好结交豪侠人物，故有"桃园三结义"的传说。公元184年，黄巾起义爆发后，官府与世家豪族纷纷举兵镇压农民起义。刘备在大商人张士平、苏双的资助下，组织起一支队伍，靠镇压起义军发迹，在军阀混战中初露锋芒。但他力量弱小，一直没有固定的地盘。开始，他依附袁绍，后投靠刘表，屯兵新野。公元207年，他"三顾茅庐"，请出诸葛亮，协助他打天下。诸葛亮先帮他去说服东吴孙权，联合抗曹。经过赤壁一战，刘备占领荆州地区，从此，有了一个比较固定的地盘。接着，他带兵进入益州，自称益州牧。公元219年五月，刘备占领汉中，七月自立为汉中王。公元220年十月，曹操的儿子篡汉称帝后，名义上的汉朝也不存在了。这时刘备的文臣、武将，以刘备是刘氏王朝后裔，应当继承汉统的名义，拥戴刘备于公元221年四月在成都称帝，国号汉，年号章武，历史上称蜀汉。

刘备称帝后，首先要战决的就是荆州问题。赤壁大战以后，刘备曾占据荆州。当时孙权军队亦进占江陵，在战争中既为刘备所得，孙权只好承认这个事实，刘备则约定在取得益州后归还。可是，当取得益州后，刘备根本无意归还。为此，双方几乎酿成战争。后来，刘备因慑于曹操的压力，便与东吴相约以湘水为界，平分荆州，把湘水以东的江夏、长沙、桂阳划归孙权。但孙权并不以此为满足，他决心伺机夺回荆州。

公元219年，孙权乘刘备驻荆州守将关羽北攻曹操之机，派大将吕蒙袭击了关羽的江陵。关羽闻讯，急忙撤军回救，在途中被吕蒙擒住杀害。于是，孙权占领了全部荆州。荆州和汉中，原为刘备的两大战略要地，可以随时准备出击，从两面夹攻洛阳；荆州失守后，这个计划就破产了。

为了夺回荆州，也为了给关羽报仇，刘备于公元221年（章武元年）五月，即称帝后的第二个月，就作了进攻东吴的决定。当时蜀国的许多大臣都反对刘备伐吴，但刘备不听。七月，刘备亲率军队向东吴大举进攻。孙权派青年将领陆逊以5万大军抵抗。第二年，即公元222年六月，两军在猇亭

第三章 魏晋南北朝时期的名帝

（在湖北枝江市）对垒。刘备于夷陵（今湖北宜昌东南）到猇亭一带，把部队移到沿山树林茂密的地方扎起互相连接的军营，计40余座，准备秋后大举进攻东吴。陆逊针对蜀兵军营连接的弱点，认为破蜀的时机已到，便下令向蜀军进攻。陆逊让每个战士各持一把茅草，在接近蜀营时便顺风点火。一时间，风助火势，火借风威，蜀军40多座营寨变成一片火海。然后，吴军乘势全线出击。蜀军因被大火包围，又受到地形的限制，兵力施

刘备陵园

展不开，便纷纷逃窜。刘备惨败后，因无脸回成都，只好退守白帝城（今四川奉节）。这就是有名的猇亭之战，也叫夷陵之战。这一仗使刘备元气大伤，也是刘备不听劝谏、刚愎自用、急于对外用兵的恶果。

猇亭惨败后，刘备忧心忡忡，加上年老力衰，便一病不起。公元223年（章武三年）二月，刘备自知不久将离开人世，便派人到成都将丞相诸葛亮请到白帝城，安排后事。他对诸葛亮说："你的才干，比曹丕高十倍，必定能够安定国家，成就大业。假如我的儿子刘禅可以辅佐，你就辅佐；如果他不行，你可以取而代之。"诸葛亮哭着说："我一定竭尽全力，效忠贞之节，死而后已。"刘备又告诫刘禅和另外几个儿子说："我死之后，你们要把丞相看作父亲一样，和他共同治理蜀汉。"是年四月，刘备死在白帝城永安宫，终年63岁。

刘备还给刘禅留下了遗诏，其中有这样的话："人活五十岁就不算是短命，我已六十多岁，死了没什么可惋惜的，只是非常挂念你们兄弟。你们一定要奋勉，不可懈怠。凡事不能以为是小恶就去做，也不能以为是小善就不去做。你们要努力学习，可阅读《汉书》、《礼记》等，闲暇时要看诸子及《六韬》、《商君书》，可以增长人的智慧，锻炼人的意志。听说丞相已把《申子》、《韩非子》、《管子》、《六韬》等书抄写了一遍，你们可以向他请教。"

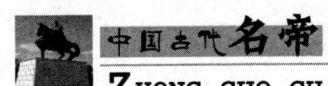

刘备这样的托孤，在历史上是少见的，说明他对诸葛亮的器重和信任，也表明刘备是一个知人善任的皇帝。以后的事实表明，诸葛亮没负重托。

刘备出身贫寒，白手起家，终成一代开国帝王，原因何在？主要在于他有折而不挠的雄心，败而不馁的大志；在于他善于招贤纳士，收揽天下战将、谋士；在于他用人不论亲疏，不忌富庶；在于他有识人之明，用人之长。所有这些，对于当时历史条件下的一个统治阶层的人物来说，的确是难能可贵的。同年五月，由他17岁的儿子刘禅即位，这就是蜀汉后主。

吴大帝孙权

吴大帝，名权，字仲谋，14岁时随父亲孙坚、哥哥孙策征讨江东，占据江东六郡。15岁时被举为孝廉、秀才，任阳羡（今江苏宜兴）长，代行奉义校尉。

东汉建安五年（200年），孙策遇害身亡，临死之时孙策将重臣张昭以及孙权等召到了床前，嘱咐张昭等人说："现在天下大乱，如果据有吴、越之众力，保有三江之坚固，便可以坐观成败，进而兼取天下，请诸君好生照顾吾弟，如果仲谋不长进，公等可自取权位。"说完孙策将官印授予了孙权，并对他说："若论率江东之众冲锋陷阵，与天下英雄争高下，你不如我；若论举贤任能，使众人齐心协力保有江东，我不如你，你当善自为之！"说完孙策于当夜去世，孙权悲痛不已，随后将兄长孙策安葬。

孙策死后不久，孙权便继承其父兄的事业，这时孙权已拥有会稽、丹阳、吴郡、豫章、庐陵和庐江六郡，但这些地方都是新占不久，人心未服，统治并不巩固。为了巩固这些地区，孙权便调兵遣将，开始征伐不服从自己的人，巩固在江东的统治。

由于孙权的叔伯哥哥孙辅担心孙权不能保住江东，便借孙权出行之机，派人拿着书信去邀曹操前来，不想所派之人将书信直接交给了孙权。孙权得知此事后，火速返回。谁知孙辅早有防备，幸亏这时周瑜带兵前来，稳住大局，孙权才免遭伏击，之后孙权将孙辅的左右心腹杀了个一干二净，将他的部下全部分给各将，将孙辅迁徙东部，看管了起来。

镇压了内外叛乱之后，孙权在江东的统治便逐渐安定下来。但他心里明白，要想巩固江东，就必须向中原发展，才能把父兄开创的事业发扬光大。他开始广施仁政，延揽人才。他把内政交给张昭。张昭实行了轻徭薄赋、发展生产、流通贸易、繁荣市场的政策，到处是欣欣向荣的景象。他把军事交给周瑜，周瑜扩大军员，更新甲仗，重点习练水军，使孙权的军事实力大大增强。他自己则主要抓延揽人才。看到东吴日渐强盛，吴主孙权又礼贤下士，文武人才都纷纷投奔了来。如鲁肃、太史慈等，都是这时来东吴的。

在中原，曹操的力量已十分强大，他绝不愿坐看东吴的崛起。所以在收拾了刘表父子后，他便沿长江东下，来征服刘备和孙权。面对曹操的大军压境，东吴上下举棋不定。他们分析了敌我双方的实力，都认为力量差距太大。所以投降派几乎占了大多数，而主战的仅有鲁肃和周瑜。但孙权采纳了周瑜的建议，联合刘备共同抗曹，取得了赤壁之战的胜利。

赤壁之战后，周瑜等率军经过一年多的战斗，夺取了江陵，控制了江陵以南大片土地。建安十五年（210年），孙权任命步骘为交州刺史率辇卒甫下，杀了不肯归顺的苍梧太守吴巨，使东吴的势力一直扩展到了交州（今广州）一带。此后，孙权与曹操数有征战，双方各有胜负。后来，因孙权和刘备争夺荆州发生尖锐矛盾，孙权为避免两面受敌，便于东汉建安二十二年（217年）春，向曹操请降讲和。曹操也知暂时难以战胜孙权，便同意双方修好。此后，孙权便把精力转向了荆州。

东汉建安十九年（214年），孙权见刘备羽翼已丰，便命诸葛瑾向刘备索要荆州诸郡。不料，被荆州守将关羽统统赶了回来。孙权气愤，遂派吕蒙、鲁肃等率兵攻取。适逢曹军进入汉中，刘备怕益州有失，派使臣向孙权求和，孙权也因力量不足，同意重结盟好。双方商定瓜分荆州，以长沙、江夏、桂阳东属孙权，南郡、零陵、武陵西归刘备。

起初，鲁肃劝孙权对关羽要加以安抚，以求其抗御曹操。孙权便为其子求关羽女儿结婚。而关羽性情骄傲，不但不同意，反而将来使痛骂一通。孙权听后极为愤怒，决心攻取荆州。于是趁关羽抽调兵力增援樊城之际，亲率大军，夺回荆州，并将关羽父子斩杀。刘备在听说关羽被杀的消息后大为生气，于是率兵前来报仇。而孙权这时早有防备，命令部队将刘备打得溃不成军。这次战役使得刘备从此一蹶不振，而东吴的势力也进一步得到巩固。

江东巩固以后，孙权也有称帝之意，因为早先曹丕和刘备相继称帝。

但考虑到力量尚微,难以威命众人,所以没有急于称帝。当诸葛亮带领蜀军对魏国不断发动进攻,敌国没有精力对付东吴时,孙权建国称帝的时机终于成熟。黄武元年(222年),孙权称帝于武昌(今湖北鄂城),国号吴。不久,迁都建业(今江苏南京),改元黄龙。他就是历史上所说的吴大帝。

孙权称帝后,早期与群臣推诚相处,君臣和睦,上下同心,他还能知人善任,而且善抚将士,虚怀若谷,从善如流,对臣下的正确谏诤,勇于采纳。但孙权到了晚年,刚愎自用,猜忌群臣,信用奸佞,排斥忠良,与前期英雄作为相比,判若两人。252年四月,孙权因患风疾病死于建业宫中,享年71岁。

知识链接

曹操、曹丕的薄葬

三国时期,帝王征战不休,国家经济凋敝,无暇也无力大造陵寝,而秦汉诸皇帝陵屡遭盗掘破坏,也使这些帝王不再热衷于建造高陵大墓。魏国的皇帝,自武帝曹操始,皆主张薄葬,他们一改秦汉皇帝在平地起丘造陵的旧制,凿山为陵,丧葬一切从简。魏文帝曹丕生前留下终制,确定"寿陵因山为体,不封不树,不立寝殿、造园邑、通神道",提出在他死后"棺椁足以朽骨,衣衾足以朽肉而已……无施苇炭,饭含无以珠玉,无施珠襦玉匣",种种愚俗一概不用。

魏国皇帝凿山为陵,堪称一大发明。在山坡上造墓,可以借山体以显其势,并且要比在平地造墓坚固得多。这一发明,为后世的许多皇帝所采用,但曹氏父子薄葬的主张,他们却弃之不纳。

第二节
两晋名帝

晋武帝司马炎

晋武帝，名炎（236—290年），字安世，晋王司马昭的长子。他的父亲司马昭当时是魏国的晋王，并被加九锡，掌握了魏国的大权。本来按照封建时代立嫡以长的制度，司马炎本该是合法的王位继承人，但其父司马昭把小儿子司马攸过继给自己的哥哥司马师为子，并打算立他为世子。所以每次见到司马攸，便拍着自己的宝座对他说："这是桃符（司马攸的小名）的座位。"其宠爱之情溢于言表。虽然司马昭有这个意思，但许多重臣以历史上废嫡长引起祸乱的事例谏诤，因此到了晚年，司马昭不得不以强大的政治理智克服个人情感上的好恶，接受了大臣们的建议，立司马炎为世子，后来顺理成章地接受禅位做了皇帝。

司马炎接受禅位后心里并不轻松。他很清楚，虽然登上了皇帝的宝座但危机仍然存在。要想巩固获得的政权，进而完成吞并东吴、统一中国的大业，首先必须要强固统治集团本身的凝聚力。而要达到这个目的，就必须采取怀柔政策。为此司马炎在即位的第一年，即下诏使已成为陈留王的魏帝在天子祭祀天地以及上书等时不称臣。同时又赐安乐公刘禅的一个儿子为驸马都尉，第二年又解除了对汉室的禁锢。这不但缓和了朝廷内患，尤其是消除了已成为司马氏家族统治对象的曹氏家族心理上的恐惧，而且安定了蜀汉人心，进而为赢得吴人的好感，在吞并东吴上取得了主动权。

为了尽早地使国家从百业凋敝、社会动乱的环境中摆脱出来，为统一打下牢固的基础，他派大将羊祜陈兵吴境，伺机灭吴。司马炎知道吴国是个建国很久的国家，不是轻易可以灭掉的，所以，羊祜虽然准备得很充分，但直到他死，也没实现灭吴的愿望。羊祜临死，向司马炎推荐了大将杜预。他说杜预是一员儒将，运筹帷幄，有足够的能力担当灭吴的大任。司马炎立刻把攻吴的指挥权给了杜预。杜预挥兵袭击了吴守将张政，张政大败，但张政知道吴帝孙皓是个多疑而残酷的家伙，就隐瞒不报。杜预看准这一点，就把一部分俘虏送回吴国。这一来，吴帝恼火了，立刻把张政调离军队。这样，杜预就把吴国最有能力的将军除掉了。杜预又联合大臣一齐给司马炎上书，请求他下决心伐吴。

公元279年，司马炎终于下了灭吴的命令，二十几万大军分六路深入吴地。吴军也曾想办法抵抗，如在江中水下布铁锥，水上设铁链，但都被晋军破除。六路大军在吴都建业会师，在杜预指挥下，开始攻城。孙皓在知道自己已是瓮中之鳖后，率领群臣投降了西晋，全国实现了统一。

统一全国后，司马炎出台了许多英明之策。首先，他致力于巩固政权，对三个国家的遗属很是优待。如他让魏帝曹奂仍用皇帝仪仗，上书也不用称"臣"。他令刘禅仍居安乐公的位子，还让他的一个子弟做驸马都尉。对新投降的孙皓也给予宽容，仍给他们安全、优厚的生活。这样做影响很大，使三国贵族渐渐承认已成的现实，不再想反叛了。

对广大农民，他推行"占田制"，以代替原来的"屯田制"。规定男子可占70亩，女子可占30亩。这大大地提高了农民生产的积极性，使农村安定下来。有了农业基础，商业、手工业也迅速发展，整个国家经济呈现一派繁荣。

另外，他实行无为而治，以此为中心，他下了五诏书：一诏正身，要求官吏们做个廉政爱民的好官；二诏勤百姓，勤于为民办事；三诏抚孤寡，对有困苦的人要及时抚恤；四诏敦本忽末，对关乎国计民生的农业要重视，对别的行业（如商业）要抑制；五诏去人事，精简机构汰裁冗员。

这些措施恢复了战后经济的发展，稳定了新建立的晋政权。但在随着国家逐渐安定

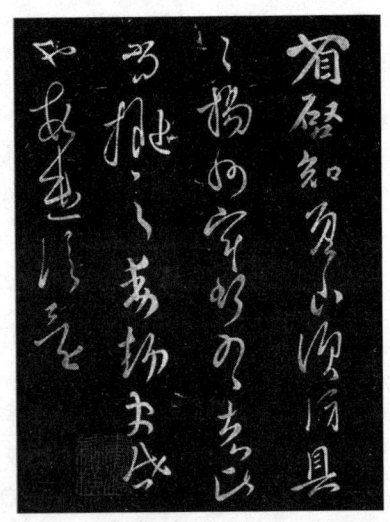

司马炎草书作品

之后，司马炎也开始奢侈荒淫起来。先是大修祖庙，弄得富丽堂皇，耗费了许多金银。接着，又把吴国的宫女全部接收下来，据说有 5000 之多，加上原来的已达上万！面对这么多的女人，一个司马炎实在忙不过来。他每天坐着羊拉的车，在宫城中慢慢行走，挑选中意的宫女侍寝。宫女们为了得到这一机会，在门口插上竹枝撒上盐巴，用来吸引给皇帝拉车的羊停下来。

另外，他的衣食住行都穷奢极欲，超过有史以来的所有皇帝。这种奢靡之风大大影响了国人，大臣豪门纷纷效法，也刻意追求起来，相互夸富、斗富。有的富人一掷千金，一饭上万。如富豪石崇常常把金银珠宝毁给人看，以示自己的豪气。他请客时，如果客人饮酒没有尽兴，他就把侍女杀掉，有时一连杀几个人，其残酷令人发指！

本来自魏明帝之后，社会风气就趋于奢侈，现在晋武帝司马炎又推波助澜，西晋的朝野奢侈之风随处风行。由于晋武帝司马炎纵欲纵乐，很快就体虚力亏，朝不保夕。太熙元年（290 年）三月，晋武帝司马炎病笃。四月，这位风发一时的开国皇帝便与世长辞，享年 64 岁。

晋元帝司马睿

晋元帝（276—322 年），名睿，字景文。司马懿的曾孙，司马觐子。他出生于动乱的战争年代，经过了战争的洗礼。他的父亲是西晋朝的琅琊王。父亲去世后，他世袭了父亲的职位。随后又被提升为安东将军，都督扬州江南诸军事，由下邳移镇建邺（后又改名建康，今江苏省南京市）。

公元 316 年八月，西晋宣告灭亡，他的部下看到时局不稳，于公元 317 年 3 月辛卯日拥奉他为晋王，改年号为"建武"。公元 317 年三月丙辰日称帝，定都建康，史称东晋。

司马睿即位后，因为他在皇族中声望不高，势力单薄，再加上本人才能也不高，社会交往不足，所以得不到南北士族的支持，皇位不稳。为了能够保住皇位，他重用了政治家王导。王导运用策略，使南方士族极力支持司马睿，也使北方南迁的士族决意拥护司马睿，维持了东晋政权，稳定了动荡的局面。司马睿十分感激王导，任命他为宰相，执掌朝政，让他的堂兄王敦都督江、扬、荆、湘、交、广六州军事，握有重兵，控制军权。其他重要的官职，大多数由王导家族担任。从实际上看，东晋王朝，已经成了王导和司

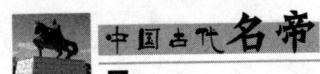

马睿共同掌握的朝廷。司马睿在登基大典上，几次请王导和他一起坐上宝座，接受群臣拜贺，王导谢绝。时人曾流传说："王与马，共天下。"

司马睿在稳定了皇位后，开始不满"王马共天下"的局面，他开始起用刘隗、刁协为心腹，以此来削弱王导的势力，并暗中进行军事部署，试图将王导的势力排除出去。但这时的王敦已经察觉，他先发制人，从武昌起兵击败刘隗，进入建康，杀死刁协。在王导的劝说下，王敦这才退兵回了武昌，政权仍然由王导控制。

看到无法将王导排除出去，司马睿觉得自己贵为天子，只是有名而没有实权，跟一个傀儡一样，于是渐渐忧愤成病，卧床不起。他想到大臣中只有司徒荀组对自己比较忠顺，就任命他为太尉兼领太子太保，打算让他参与朝政，钳制王导。不料司徒荀组受任不久就病死，司马睿更加忧伤，病势加重。

公元 322 年闰十一月己丑日晚，司马睿病死于建康宫中的内殿，享年47 岁。

晋明帝司马绍

晋明帝名司马绍，出生于公元 299 年，公元 322 年即位，至公元 325 年卒，在位 3 年，年号太宁。

司马绍的母亲是燕代人，这一带多是汉人与鲜卑人杂居，而司马绍从相貌上来说有点像鲜卑人，王敦就曾骂他是"黄须鲜卑奴"，可见母子二人其实都可能有鲜卑血统。

明帝小时候非常聪慧，有一次他坐在元帝腿上，恰巧有个从长安来的人汇报情况，元帝询问洛阳一带的局势。等长安使者走了后，元帝问司马绍："你认为长安和太阳哪个近？"司马绍不假思索即答道："长安近，因为没有听说过有人从太阳那边来。"元帝对他这个回答非常惊奇。第二天元帝大宴群臣，为了在大臣面前显示自己孩子聪颖，就又问了司马绍一遍。结果司马绍的回答却是日近，元帝大惊，问他怎么和昨日回答的不一样。司马绍就解释说："抬头就能看见太阳，但是却看不见长安，所以是太阳近。"元帝和大臣都啧啧称奇。

司马绍即位后，办的一件大事就是平定王敦叛乱，巩固了东晋政权。

明帝即位时，王敦为扬州牧，他看到王家势力逐渐受到排挤，便欲叛乱

古老的长安城

反晋。当他从武昌移镇姑孰（今安徽当涂）后，便加紧了夺取政权的准备。但是，在太宁二年（324年）5月时，王敦却患病，日益加重。

王敦觉得自己时日无多，就命中书令温峤伪造诏书，封养子王应为卫将军，封兄王含为骠骑大将军。同僚钱凤问王敦："你如果有个三长两短，将后事交给王应吗？"

王敦回答："非常之事，不是一般人所能做到的。应还年少，怎能当起大事？我如果真的不行了，只有三计可行。"钱凤反复问："是哪三计？"王敦说："我死以后，即释兵散众，归事朝廷，保全门户，这是上计；若还退武昌，聚兵自守，贡献不废，便是中计；及我尚存，率众东下，万一侥幸，这就是下计了。"钱凤听后退出与同党说："公说的下计，实为上策，我们照此行事吧！"于是计划起兵，攻打建康。

温峤得知王敦要谋反，就到建康与国舅庾亮商议，奏知明帝。明帝得知消息后，为了探求虚实，掌握军情，乘巴滇骏马，身边只带一人，微服私出，深入王敦营垒。但是却被王敦的军士发现，王敦立刻派骑兵追捕。明帝逃走时，将所骑马匹排出的粪便用水浸湿以降温，以示早已逃离，又拿出七宝鞭交给路旁卖食物的婆婆,并要她出示给追来的骑兵。晋明帝走后不久,追兵就来到,并询问婆婆,婆婆于是取出七宝鞭,并称那人已经走得很远。骑兵们顾着传玩七宝鞭而在那里停留了很久,而且见马粪已冷,以为追不及了,于是都没有再追,晋明帝亦因此成功逃脱。

太宁二年(324年)六月,明帝颁诏历数王敦、钱凤的种种反叛罪行,并立即派司徒王导、丹阳尹温峤等率军30万,水陆齐发,攻打王敦。明帝还亲御六军,统帅诸军前往征讨。

明帝下诏出兵的消息传到姑孰后,王敦非常恼火,立即令钱凤、邓岳等率众5万,让他的哥哥王含为领兵元帅,共奔京师迎敌。温峤烧朱雀桥,屯退水北,以阻敦军。不久,因王敦死去,兵无斗志,明帝很快地平定了叛乱。

太宁三年(325年)七月,明帝忽得暴疾而亡,年仅27岁。明帝死后,太子司马衍即位,时年5岁,这就是晋成帝。

知识链接

死于妇人之手的东晋孝武帝

太元二十一年(397年)九月的一个晚上,孝武帝与宠妃张贵人一起饮酒。张贵人不会饮酒,多次委婉推辞,可孝武帝酒兴发作,非让她陪饮不可。张贵人撒娇地说:"妾偏不饮,看陛下还能治罪吗?"孝武帝假装生气地嘿嘿冷笑一声,说:"你的年龄已近三十,人老珠黄。你要不饮,就废黜了你。宫中的佳丽都是千娇百媚,比你年轻美貌,难道非得宠爱你吗?"

孝武帝的话,本是一句戏言,但张贵人却信以为真。于是,趁孝武帝酒后昏睡,她竟派侍女抱被蒙头,把孝武帝活活地闷死了,死时才35岁。时正是司马道子掌权,司马道子是孝武帝的弟弟,二人之间存在矛盾,所以这件贵人弑君的大事竟未予追究。

孝武帝死后,由其长子司马德宗即位,就是晋安帝。

第三节 南北朝名帝

宋武帝刘裕

宋武帝刘裕出生于公元363年,公元420年即位,至公元422年卒,终年60岁,在位3年。年号永初。

刘裕出身寒族,小名寄奴,京口(今江苏镇江市)人。他年轻时,由于家境十分贫寒,种过地,砍过柴,捕过鱼,做过小买卖。后来,他参加北府兵,成为刘牢之的部下。他先后镇压了孙恩、卢循领导的农民起义,讨灭了攻入建康的野心家桓玄,从而逐步掌握了东晋的军事大权。

刘裕很聪明,他懂得自己出身微贱,要达到篡位称帝的政治目的,没有一定的政治资本是不行的。为建功树威,刘裕曾于义熙五年(409年)和义熙十二年(416年)先后讨伐南燕和后秦。经过两次北伐,他把东晋的北界,从淮、泗推进到了黄河南岸,在失陷100年的长安城头,重新又插上了汉家王师的旌旗。这期间,刘裕又出兵荆州和益州,也都凯旋而归。

刘裕功勋卓著,是东晋以来任何一个权臣、名将都不可比拟的,因而他在朝野都赢得了很高的声望。这样就为其夺取东晋的政权捞取了巨大的政治资本。公元419年,他被晋封为宋王后,压倒了一切政敌。第二年六月,又和他的心腹傅亮密谋篡晋,当了宋朝的开国皇帝。

刘裕受禅称帝后,十分重视寒人掌政,改变了魏晋以来门阀垄断政权的局面。因为门阀的特权地位,决定了他们凭门第出身,便可世代相袭从中央到地方的官职,无须具备什么样的政治才能。因此,刘裕在日常统治事务中,不得不委任一些有才能的寒人来处理问题。这样一来,就使大族失去了统治能力，给寒人掌握实权提供了机会。于是，寒人有的因真才实学受到执政者的宠信，有的因军功卓著受到擢拔，权力逐步提高。如宋武帝封寒人戴法兴为中书舍人后，凡属用人、行政及赏罚方面的大事，都与他商量决定。后来武帝死去，由他的儿子即位，一切大政也都由戴法兴决定，连宗室辅政大臣也要听戴法兴指挥。所以，当时民间称戴法兴为"真天子"，称小皇帝为"假天子"。

鉴于东晋灭亡的教训，宋武帝很注意集权于中央。对于反对他的人，决不心慈手软，毫不留情地予以打击。著名的高门士族王愉、谢混等人，都曾因反对他而被处死。宋武帝很注重对荆、江两郡的控制，因而，他派出镇守两郡的将领，都是他的亲属或亲信。此外，针对当时"治纲大弛，权门兼并，强弱相凌，百姓流离"的情况，宋武帝采取了一些抑制土地兼并的办法，以缓和矛盾，巩固统治。会稽余姚大族虞亮因藏匿隐户1000多人，被宋武帝发现后处死。当时许多豪强地主封占山湖沼泽，农民打柴、捕鱼都要向他们缴税，而宋武帝却下令禁止豪强向农民征税。对于从前因军事需要而被征发的奴僮，他下诏一律交还原主。有的奴僮已经死亡或因有功而被放免的，由政府偿还原主身份。

宋武帝在东晋、南朝统治者中，是一个比较开明的皇帝。他有时发表言论，群臣多半是随声附和，唯有郑鲜之经常据理力争。宋武帝当时听了虽不高兴，但过后却对人说："我没什么学问，道理讲不透，诸贤臣多是宽容。只有郑鲜之不这样，我表示特别感谢！"

宋武帝生活也是比较节俭的。他宴饮不多，嫔妃也很少，左右侍从不过十余人；有时还步行到附近大臣家里看望或谈心。宁州曾经给他贡献琥珀枕，光色华丽。宋武帝听说琥珀能治疗创伤，就叫人把琥珀枕打碎，分送给手下的将领受用。他的一些公主出嫁，陪送的嫁妆也不过20万，没有锦绣和金珠宝玉等装饰之物。永初三年（422年）五月，武帝病死在西殿，享年60岁。

齐高帝萧道成

机会只会垂青于有准备的人，萧道成把握每一次机会，平步青云，最终抢到了君临天下的宝座。遗憾的是还没等到南齐兴盛的局面，就离开了这个他苦心经营的世界。

由于宋武帝刘裕的继母为萧氏，故萧道成的父亲得以在刘宋为官，且因军功屡迁。所以，萧道成的为官之路也很顺利。到明帝初年，萧道成已官至右将军。多年的征战和宫廷生活，培养了他丰富的作战经验和指挥才能，还有敏锐的洞察力。

公元465年，南朝统治集团发生了一场大混战。其中一方是以晋安王刘子勋为首的孝武帝系诸王，另一方是以明帝为首的文帝系诸王。四方州郡大多举兵响应晋安王刘子勋，明帝势单力薄，处于斗争弱势。在宋皇室内部爆发的这场大规模混战中，萧道成审时度势，选择站在明帝一边。因为他知道，虽然刘子勋人多势强，但内部纷争也不少，再者，他到那边也得不到重用，或者即使被重用了，也会遭到各藩王的猜忌。而在明帝这一边，正因为其力弱，他才能被委以重任。结果证明他这个选择没错，他随即被授以辅国将军，率军讨伐叛军。明帝平定四方之乱后，萧道成与其他忠于明帝的将领迅速崛起，成为国家的重臣藩将。萧道成靠着远大的眼光，让自己走入了皇帝心腹的行列。

不过，皇帝往往是多疑的，他需要你的时候，臣子就是他的依靠，得到重用；然而当这臣子的权力越来越大后，皇帝又会猜忌。公元467年，萧道成任南兖州刺史。4年后，他接到调令，让他回京任黄门侍郎、越骑校尉。萧道成以敏锐的观察力得知，这一定是明帝的猜忌，如遵命回京，那就离被打击不远了。如果抗命的话那么就等于是在给明帝一个讨伐借口。于是，他故意挑起与北魏的争端，以边境紧张为由避开了祸端。

这时的明帝已经知道自己身体不好，难以长命。为了保住年幼的太子刘昱不在未来受到威胁，已经杀了好几个兄弟。一些有影响的重臣也被他逐出了朝廷。不久后，明帝召萧道成进京，部下都怕他有何不测纷纷劝阻。萧道成又以超人的判断力，不带一兵一卒火速回京。明帝见他如此，便打消了对他的怀疑。明帝死前，他被明帝命为托孤大臣辅佐幼主刘昱。

公元474年，江州刺史、桂阳王刘休范起兵，直逼京师。萧道成见朝中大臣无人敢应战，认为这是一个谋权并树立威信的好机会，于是自告奋勇，请命出战。当日，萧道成加平南将军，率兵前去平乱。因为刘休范有备而来，朝廷仓促应战，故而实力悬殊。战斗中，萧道成多次处于劣势。后来还是他用计杀了刘休范，叛军见首领已死，自然无心恋战，萧道成顺利平息了叛乱。萧道成由此威望大增，被任为中领军，南兖州刺史，留任建康，并与袁粲、褚渊、刘秉一起，轮流当值决事，被称为"四贵"。从此，萧道成逐渐掌握了朝政。

刘昱凶狠残暴，以杀人为乐，萧道成因功高权重而遭其嫉恨。几次险遭杀害，故深为忧虑，遂起废立之心。那些不满刘昱的人纷纷投靠萧道成。

公元477年农历七月初七晚，刘昱被杀后，王敬则立即跑到萧道成的府上，报告刘昱已被左右杀死，并请萧道成入宫主事。萧道成听后仍不敢开门，害怕是刘昱设下的圈套。王敬则急中失智，隔墙把刘昱的人头扔进去，打消了其顾虑，萧道成这才换上戎装，骑马直奔皇宫。他来到承明门，对门内称是皇上回宫，因为平时刘昱回宫时，守门卫士怕惹祸不敢看他，所以萧道成等顺利进宫。

天一亮，萧道成以太后令召袁粲、褚渊、刘秉入宫商量大事。用武力逼迫三人不再管理朝政，于是萧道成做主，让安成王刘准做了皇帝，萧道成出镇东府，任司空、录尚书事、骠骑大将军，尽掌刘宋朝政大权。

萧道成掌握了刘宋政权后，又将自己的亲信安插在朝廷大小的军政部门。其实这时候萧道成已萌生代宋自立的野心，他开始为篡位事宜进行准备。

他首先要做的，就是镇压荆州刺史沈攸之和袁粲等人的起兵反对，清除所有反对势力。沈攸之本来与萧道成关系很好，萧道成的长女还许给了沈攸之的儿子。可是萧道成迎立刘准，专权朝政后，沈攸之开始不平衡起来。因为他也曾是刘宋的重臣，自己当时可比萧道成的威望高，于是领兵来犯。萧道成得知后，马上调兵遣将。然后自己亲自去了石头城见袁粲，以与之同谋。然而袁粲却避而不见，袁粲自有他的心思，他想与刘秉等人除掉萧道成，力保刘宋江山。幸亏后来有人告之萧道成，于是他命王敬则为直阁，以监督防范袁粲等人。

袁粲与刘秉等要谋杀萧道成之日，因为刘秉恐惧，提前暴露了目标，让萧道成先发制人，结果袁粲等人皆被杀。这股反叛势力被消灭后，萧道成得以全心对付沈攸之，并移居阅武堂。以黄回为平西将军，将重兵西上作战，又派心腹随军前往。

沈攸之率大军出来，以为能争得个半边天下，却不料每战皆败。最后实在是走投无路，与儿子沈文自缢身亡。平定沈攸之叛乱后，萧道成又将曾经参加反叛的黄回杀死。从此以后，萧道成的主要反对派就全部被消灭了。他离皇帝的位置也越来越近。

萧道成要代宋称帝，就需大量网罗有识之士和在社会上有重大影响的时贤参赞大业。比如，只有20多岁的王俭，好学博闻，少有宰相之志，颇为当时的人看好，萧道成就命他为太尉右长史，太尉府中的大小事都由他来处理。还有其他出身名门的王僧虔、王延之等，都为萧道成所用。

萧道成还利用一切手段争取褚渊的支持。一次，他到褚府造访，说了一大套闲话后才道："我做了一梦，梦到我应得官。"褚渊答："萧公刚加太尉、都督，恐怕一二年间不容移官，况且吉梦也未必应在旦夕。"见褚渊不答应，萧道成无奈而归。后来，他派人对褚渊频频施压，褚渊才不敢反对。公元479年，萧道成又晋为相国，封为齐公，加九锡。齐国的官爵礼仪等也都是完全模仿朝廷而设。可见其当时也只是在找时机而已。不久后，刘准就禅位于萧道成。他终于代宋称帝，建立南齐。

萧道成即位后，一心操持政务。为了稳固基业，萧道成广开言路，要群臣议政，大臣们有的建议废除宋时苛政细制，有的建议停止讨伐交州，有的建议减免宋时的苛捐杂税，限制贵族富民封掠山湖侵渔百姓等，百官积极提出自己的建议，萧道成皆加以重赏，并根据百官的建议一一予以解决。针对宋奢侈浪费之风，萧道成特别强调节俭。一次，他发现主衣库中有玉带，很不高兴，马上命人击碎。又命人翻检有何异物，凡认为能助长豪华奢侈风气的，全部销毁。他常说："使我治天下十年，当使黄金与土同价。"公元482年，萧道成病重，临终告诫太子："宋氏若不骨肉相残，其他族岂得乘其衰敝而取代之！汝深戒之。"三月，这位叱咤风云的南齐开国皇帝逝世，时年56岁。

梁武帝萧衍

南朝宋孝武帝大明八年（464年），萧衍出生于建康。479年，齐高帝萧道成建齐，萧氏家族顿时成为贵族。有了这样的便利条件，再加上自身的条件，萧衍在仕途上可以说是平步青云。

永元三年（501年）三月，南康王在江陵即皇帝位，改元中兴。此后，萧衍彻底击败了萧宝卷的军队，以太后令废其为东昏侯。随后萧衍被任命为中书监、大司马、录尚书事、骠骑大将军、扬州刺史，并被封为建安郡公。此后，萧衍在朝中权势日盛。天监元年（502年）正月，萧衍进位相国，"总百揆,扬州牧,封十郡为梁公,备九锡之礼",随后"增封十郡,晋爵为王"。四月,以太后令即皇帝位,以梁为国号,建元天监。

梁武帝萧衍即位后,大力整顿吏治,时时唯才是举。另外,梁武帝还鼓励耕种,提倡节俭。他本人身体力行,常常身穿粗布衣服,每顿都吃素菜。每次选拔长吏时,他也会以廉洁作为考核项目之一。尚书殿中郎到溉、左户侍郎刘鼒以廉洁著称,分别被擢升为建安内史和晋安太守。

在法律制度上,梁武帝令人编纂《梁律》二十卷、《令》三十卷、《科》四十卷,使得官吏能依法治国,百姓能有法可依。在教育方面,梁武帝广开学舍,聘用《五经》博士,大力推行已经中断了的儒学,为儒学的继承和发展做出了很大的贡献。

除此之外,梁武帝还善于纳谏。梁武帝在位期间责罚不公,对贵族、朝士等多有偏袒,而对百姓却异常严格。百姓一旦有罪,连坐家中老幼;一人逃亡,全家都要为质。一次,梁武帝到郊外祭祀,秣陵的一位老人拦驾上谏说:"陛下为法,急于庶民,缓于权贵,非长久之道。诚能反是,天下幸甚。"此后,梁武帝牢记于心,对百姓中犯罪者多有宽缓。

在梁武帝的治理下,齐朝时造成的社会弊端和遗留的矛盾得到消除或缓解,梁朝逐渐显现出了繁荣景象。然而,梁武帝虽然创造了齐朝的昌盛,但也导致了齐朝的衰落。

梁武帝为人有孝道,慈善而恭俭,且博学能文,对阴阳、卜筮、骑射、声律、草书、隶书、围棋等无不精通。他勤于政务,"冬月四更竟,即起视事,执笔触寒,手为皴裂"。到了晚年更加节俭,长期不食鱼肉,每天只吃一餐,且以贫民所吃的菜羹、粗饭为食,遇到繁忙时"日移中则嗽口以过"。他一冠戴三载,一衾盖二年,"后宫贵妃以下,衣不曳地"。梁武帝也不饮酒,不遇宗庙祭祀、大宴、法事等都不曾作乐,虽然居于暗室,但衣冠整齐,在盛暑时也不解衣。

梁武帝萧衍画像

然而，梁武帝对待小臣却以大宾之礼，且过于宠爱士人，以至于牧守经常渔肉百姓。另外，他宠信小人，且多造塔庙。由是，"江南久安，风俗奢靡"。不仅如此，梁武帝崇尚文雅，遂疏简刑法，公卿大臣都得以免罪。于是，奸吏玩权弄法，贿赂日盛；王侯子弟多骄淫不法。梁武帝年迈，开始厌烦各种政务，又一心向佛，每当审断重罪时都会整日不悦。即使发现反逆之事，他也只是哭着宽恕谋反者。王侯因此更加骄横，或于白昼在街市上杀人，或于暮夜公然剽掠。一些畏罪潜逃者匿于王侯之家，有司便不敢搜捕。梁武帝虽然深知社会弊端，但因沉溺于佛学慈爱，始终没有采取任何措施。

太清二年（548年）八月，羯族人侯景发动叛乱，率兵攻入建康城。85岁的梁武帝萧衍临危不惧，问部下："还能战吗？"部下答曰："不能。"萧衍叹道："梁之天下，自我得之，自我失之！"于是，端坐太极东堂接见侯景。他从容问话："侯将军是哪一州人，因何兴兵犯阙？妻子儿女还在北方吗？"侯景见此情形，竟不敢仰视，以至于惶恐不知所对，最终诺诺而退，方敢喘口粗气："我鞍马征战，矢刃交加，并无所怕，今见萧衍，却有惧怕之意，果真天威难犯！"

此后，丞相侯景控制了梁朝朝政。但无论侯景奏请什么事，梁武帝总是反对。后侯景怀恨在心，不仅不搭理梁武帝，而且裁节其已够节俭的膳食，使得梁武帝忧愤成疾。太清三年（549年）五月，梁武帝在净居殿休息，因口苦向左右要蜂蜜而不得，很快离开人世。

孝文帝拓跋宏

北魏孝文帝，复姓拓跋，名宏，公元467年生于平城，其父是北魏献文帝拓跋弘。

孝文帝生于一个动荡的年代。淝水之战后前秦瓦解，鲜卑拓跋氏的代国乘机复国，改国号为魏，史称北魏。439年，北魏终于统一了黄河流域。北魏统一黄河流域后，那里出现了民族大融合的趋势，进入中原的少数民族逐渐放弃了游牧生活，成为农业居民。但是，北魏统治还不稳定，各族人民不断发动武装起义，反抗北魏的残暴统治。北魏统治阶级内部矛盾斗争也十分激烈。

孝文帝是由祖母冯太后培养长大的。冯太后对孝文帝要求十分严格，督促他认真学习儒家经典著作，认真总结汉族封建帝王丰富的统治经验。从486年起，在冯太后指导下，孝文帝开始处理国家大事。

1. 推行俸禄制

北魏建立以来，对文武百官，不给俸禄，任凭他们去贪污掠夺。因为鲜卑拓跋部本是一个野蛮的好战集团，一走上历史舞台，便以战争掳掠为业。当鲜卑拓跋部统治了广大经济文化较先进的地区后，战时的掳掠方式便以平时贪污的形式继续下去。史书记载："魏百官不给禄，少能以廉自立者"，"唯取于民"。有一次拓跋焘要出征，让公孙轨负责向老百姓征调驴子，用来驮运军粮。公孙轨竟然下令，每头驴另加绢一匹。验收时，只要驴身上束着一匹绢就算合格，所以当时人说："驴无强弱，辅脊（背着绢）自壮（就算壮的）。"这个公孙轨，贪污成性，刚做官时，"单马执鞭"而来，卸任回家时，竟然是"从车百辆，载物而南"。官吏的贪赃枉法加重了人民负担，激起了人民反抗，威胁着北魏的统治。于是孝文帝改革首先是以"班禄"作为突破点的。

公元484年，孝文帝开始"班百官之禄，以品第为差"，对官吏实行俸禄制。同时规定："户增帛三匹，粟二石九斗，为官司之禄。"为禁止贪污，制定了严惩的法律，"赃满一匹者死"。

俸禄制的实行，增加了人民赋税负担，但比以前任凭官吏恣意贪污、掠夺来说，对人民是有利的，因而遭到一批鲜卑贵族顽固派的抵制和贪官污吏的反抗。但孝文帝毫不手软，3个月内先后因贪污被治罪处死的就有40多人。有一个叫李洪之的官员，因贪污被押到平城，孝文帝亲自审问后赐死。这人自称是孝文帝的舅公，是显室贵戚。虽然事后孝文帝向一些大臣泄露，说这个舅公是冒牌的，但在当时震动确实不小。此后，北魏的吏治出现了一个较为清明的时期。

2. 均田制和三长制

十六国时期，中原的生产受到极大的破坏。北魏统一之后，生产有了恢复，但速度很慢。"良畴（田）委（被抛弃）而不开（耕种），柔桑枯而不采"，就是这一情况的真实写照。

北魏统一黄河流域后,坞壁主继续扩大对荫户的占有,使朝廷收入受到影响,中原地区自耕农的破产、流散,也使阶级斗争激化,加深了北魏的政治危机。

强大的政权力量和中原大量存在的荒地,劳动力与土地分离,有权和占有权混乱。为北魏提供了推行均田制的主观力量与客观条件。于是,公元485年,孝文帝颁布了均田令。均田令规定:男夫15岁以上受露田40亩,桑田20亩;妇人受露田20亩;奴婢与平民一样授田。4岁以上的耕牛,一头授田30亩,限4牛。所授露田,基本上是无主荒地,如是休耕一年的,多授40亩;休耕2年的再多授40亩。露田不准买卖,身死或年逾70岁者,必须归还政府。桑田为世业田,不再还给政府,但要在3年之内种上规定的桑、榆、枣树。田地不足的地区,居民可以向空荒处迁移,迁往他郡。

孝文帝实行的均田制,是北魏早先实行的"计口授田"的推广和发展。它只限于在政府控制的无主荒地上实行,并不侵犯地主已占有的土地,而且还通过奴婢和耕牛授田,使地主比贫苦农民拥有更多的田地。均田制的推行有利于北魏中央政府力量的加强,促进了荒地开垦,对恢复和发展农业生产起到了积极的作用。

公元486年,孝文帝又颁布了三长制。三长制规定:五家立一邻长,五邻立一里长,五里立一党长。"三长"的职责是检查户口、征收租税和征发徭役,它是北魏的基层政权组织。三长制与均田制相辅而行,加强了政府对人民的控制,同时也通过清查户籍,与豪强地主争夺劳动力、争夺人口,使向政府纳税的户口大大增加,相对地减轻了每户农民的负担。三长制实行后,北魏政府颁行了新的赋税标准,一夫一妇每年出帛一匹、粟二石。农民比过去的赋税负担确实减轻了不少。

3. 迁都洛阳

公元490年,冯太后病逝,孝文帝亲政。为了加强对中原地区的统治,接受汉文化,消除鲜卑族和汉族间的隔阂,以便进一步拉拢汉族地主士大夫,巩固北魏的统治,孝文帝决心把都城从位置偏北的平城(今山西大同)迁到中原的洛阳。

孝文帝知道迁都一事必然会遭到贵族大臣们的反对,于是他便把文武大臣召集起来,声称要亲自率军进攻南齐。这时,以任城王拓跋澄为首的文武大臣，信以为真，纷纷表示反对。孝文帝假装生气说："国家是我的国家，你想阻挠我用兵吗？"任城王拓跋澄也毫不示弱，反驳说："国家是陛下的国家，但我们是国家大臣，明知用兵危险，哪能不讲？"退朝后，孝文帝单独把拓跋澄传到宫中，给他讲了他明为南伐，实是迁都的打算，拓跋澄恍然大悟。于是，在以后的议论时，便积极支持孝文帝"南伐"。

公元493年，北魏孝文帝亲自率领步骑30万，大举南伐，走到洛阳，正好碰上秋雨连绵，道路泥泞，行军遇到极大困难。多数大臣主张回师平城，孝文帝执意不肯，坚持南进。九月的一天，孝文帝全副戎装，骑在马上，下令三军往南进发。大臣们跪在马前，叩头谏止进军。孝文帝满面怒容，对这些人说："我要统一天下，你们这帮人却屡次阻挠大计。谁再说，就办谁的罪。"说完就整一整马鞭，仿佛要出发了。一个叫拓跋休的鲜卑贵族，仍然跪在那儿，一动也不动，一把鼻涕一把泪地劝阻皇帝不要南进。这时，孝文帝表情缓和，用商量的口气对群臣说："这次出兵，劳民伤财，不可无功而返，不南进，便迁都。你们赞成吗？赞成的站在左边，不赞成的站在右边。"大臣们知道当时南伐危险，于是尽管有的内心不赞成迁都，也站在了迁都这一面。迁都一事就这样定下来。孝文帝又派任城王拓跋澄回到平城，说服贵族们同意迁都。第二年，孝文帝又亲自回平城，给那些不愿意迁都的王公贵族做了大量说服工作。不久，就正式迁都洛阳。洛阳是当时中原地区政治、经济、文化中心，迁都洛阳对北魏和拓跋族的发展，都具有很大的意义。

4. 实行汉化政策

迁都之后，从平城迁到洛阳的人，叫作"代迁户"，总数约100万人。一部分拓跋族人民便在中原定居下来。迁都后，摆脱了贵族传统保守势力的影

洛阳古城

响，北魏的汉化改革更广泛，更迅速了。公元494年，孝文帝下令禁止鲜卑服装，要求鲜卑人改穿汉服。有一次，孝文帝在洛阳街上看到一个鲜卑妇女坐在车上，仍穿着鲜卑服装。于是在群臣朝见时，孝文帝责备任城王拓跋澄督察不严，奉行命令不力。公元495年，孝文帝又下令禁止鲜卑族讲鲜卑语，一律改说汉话。规定朝臣

鲜卑服装

不准讲鲜卑语，30岁以上一时难改，讲鲜卑语可以不予处罚；30岁以下，必须讲汉语，否则要降职。后来，又进一步规定，谁在朝中讲鲜卑语，就要撤职。鲜卑姓氏多为复姓（音译），为了消除姓氏上的胡汉差异，北魏孝文帝在公元496年下令改拓跋氏为元氏，北魏所统部落的复姓，也同时改为单姓，如穆陵氏改为穆氏，步六孤改为陆氏，独孤氏改为刘氏等。孝文帝还规定"代迁户"都在洛阳落籍，死后要葬在北邙山（今洛阳的北面）。孝文帝还鼓励鲜卑族与汉族通婚，他自己身体力行，娶崔、卢、郑、王汉族四大姓的女子入宫，又为他的5个弟弟娶汉族大姓女子做正妻。他的女儿也嫁给汉族大地主，如范阳卢氏，一家就娶了3位公主。政治利益进一步把鲜卑统治者和汉族高门地主联结在一起了。

5. 冲破阻力坚持改革

历史上任何一次改革都不会是一帆风顺的，都要经过激烈的斗争。孝文帝改革也是如此。孝文帝的太子拓跋恂，不喜读书，喜欢马背上的生活，认为放弃马背上生活，南迁中原，就会使鲜卑人失去骠悍善战的性格和习惯。他年纪轻轻，但受保守派影响极深，对孝文帝改革极为不满，经常偷偷穿胡服，又埋怨洛阳太热，老想回平城去。496年八月，孝文帝到嵩山巡视，太子恂乘机跟他的亲信密谋，准备带一批人马返回平城。孝文帝知道这个消息后，立即返回洛阳，把太子恂囚禁起来，后来又废掉他，并派人用药酒毒死他。同年冬天，鲜卑贵族穆泰等人秘密联合一些将领，发动叛乱，在平城起兵，计划立阳平王拓跋颐为皇帝。孝文帝火速派任城王拓跋澄平息了这场叛乱，保证了改革的顺利进行。499年，孝文帝在南征返回归途中染病，英年早逝，

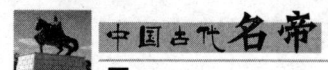

年仅33岁。

孝文帝是我国历史上一位杰出的皇帝,他对我国多民族国家的形成和发展做出了卓越的贡献。

知识链接

梁武帝佞佛

萧衍年轻的时候崇信道教,希冀长生不老、羽化成仙,后来,在竟陵王萧子良的启蒙下皈依了佛门。萧子良与萧衍同族,喜爱结交四方宾客。萧衍加入后,一共有了八个人,时称"竟陵八友"。萧子良敬信佛教大乘空宗,自名净住子,因此当时他的座上客中,还有许多来自全国各地的高僧,比如法安、慧次、道禅等人。

萧衍做了皇帝后,将三宫六院裁去了大半,自觉禁断了一切房事,早晚一心念佛诵经。他博览《涅槃》、《净名》、《三慧》等佛书,写下了很多心得笔记,流传至今的有《大品注解》、《制旨大集经讲疏》、《发般若经题论义并问答》等。

公元527年仲春,64岁的萧衍决心舍身同泰寺。所谓舍身,一是舍资财,即将个人所有身资服用统统舍给寺庙;一是舍自身,即自愿入寺为僧众执役。

萧衍这次舍身,一共在寺里住了4天。以皇太子萧纲为首的众大臣携了2亿钱来赎皇帝。萧衍概不接见,请慧令带去一封书信,上面写道:"众卿厚意,我很感谢。但我已舍身,奈何奈何。"署名"萧衍顿首"。最后,他几乎硬是被大臣们抬了出去。

第四章

隋唐五代时期的名帝

　　隋唐是中国历史上重要的朝代之一。隋文帝杨坚结束了持续300年的大分裂，使中国重归一统。但是隋是一个短命王朝，隋炀帝的无道很快葬送了其父所创下的基业。

　　李渊于618年建立了唐朝，以长安（今陕西西安）为都，后来又设洛阳为东都。其鼎盛时期的公元7世纪时，中亚的沙漠地带也受其支配。唐在文化、政治、经济、外交等方面都有辉煌的成就，是当时世界上强大的国家之一。唐传20帝，历290年（其间有武则天革唐为周16年）而亡。

　　唐朝灭亡之后，中国历史再一次进入了大割据时代。在北方广大地区，军阀混战随后出现了梁、唐、晋、汉和周5个较强大的王朝。与此同时，南方各地又陆续并存过9个较小的割据政权，即吴、南唐、吴越、楚、前蜀、后蜀等九国；北方河东地区则有北汉势力，史称"五代十国"。

　　五代十国，从公元907年朱温灭唐到960年北宋建立，共53年，历经55帝。

第一节
隋代名帝

隋文帝杨坚

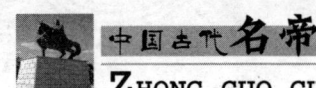

在南北朝期间，弘农华阴（今陕西华阴东）有一个世代为官的杨家。公元541年的一天，杨府上下喜气洋洋，一派热闹非凡的景象，车水马龙，贵客盈门，贺声不断，原来杨府正在设宴庆贺主人杨忠喜得贵子。这孩子相貌不凡，杨忠越看越喜欢，给他取名杨坚。

家境的优越和门第的显赫，使杨坚从小就在文武两方面受到良好教育。加上他好学上进，聪明伶俐，很快就成为武艺高强、文思超群的人物。

杨坚14岁步入仕途，被授官散骑常侍、车骑大将军、仪同三司，封成纪县公，16岁时，被提升为骠骑大将军，备受周太祖宇文泰的器重。他逢人便夸杨坚："这个年轻人相貌非凡，不能等闲视之。"周武帝时，杨坚进位大将军，袭爵隋国公。周宣帝时，因为杨坚的女儿是宣帝的皇后，他被拜为上柱国、大司马。

杨坚不仅是关陇集团中掌握实权的大将军，同时，他也是备受尊敬的皇亲国戚。他的妻子是鲜卑贵族独孤信的女儿，自己的女儿是当朝的皇后。不久，皇后的孩子宇文阐落世。周宣帝病死后，由宇文阐即位，史称周静帝。其时，周静帝年方8岁，自然不能理朝事，杨坚以皇帝外祖父的身份，入宫辅佐小皇帝。他自封为左大丞相，总揽军政大权，实际上这时的杨坚已经是权势上无人能及的显赫人物。

隋朝建立伊始，举国上下，百废待兴，隋文帝一方面大胆改革前制，采取经济措施刺激经济发展，发展生产力，同时积极准备，着手统一南方。

隋文帝杨坚手迹

开皇元年，杨坚首先废止了北周官制，建立了三省六部制。三省即是尚书省（管理全国政务）、内史省（起草诏令）、门下省（审查政令及封驳）。在尚书省下，分设吏、礼、兵、都官、度支、工部。六部尚书分管全国各种政务，由此加强了中央的集权。值得一提的是，这种制度基本上为后来的唐、宋、元、明、清各朝所承袭，影响极其深远，也足见隋文帝的政治水平之高。此后，又改地方官制为州、县两级制，取消了不少州县，裁减许多冗官，节省了朝廷开支，提高了办事效率，同时还改革府兵制。府兵可以按均田令保存自己的土地或领受一份田地，故而扩大了兵源，巩固了王权。

隋文帝在采取一系列政体改革的同时，尤其注重了法律的建设。称帝之初，隋文帝便令人参考魏晋旧律，制定新律，便产生了影响深远的《开皇律》。此律较之以前的，刑罚有所减少，取消了各种酷刑，且有利于百姓上告、诉讼。删除苛酷条文，除死罪81条，流罪154条，徒杖等上千条。隋文帝规定，百姓上告冤情，县官不处理，可以越级上告，直至中央。还规定，各地死罪犯人必须送大理寺复审，地方不得处决。由于隋律在制定上多少注意了"以轻代重，化死为生"的精神，较之以前还是有进步意义的。这些对百姓有一定的好处。

此外，隋文帝为了限制士族门阀的权势，于开皇元年实行科举，用分科考试的办法选择官员，大大加强了中央集权。为了尽快恢复经济实力，隋文帝实行了分官并给贫人以助生产的办法，并颁布了均田和租调的新令等。这在一定程度上减轻了百姓负担。经过这一系列的改革，整个北方的局面基本上安定了下来，生产力得到一定发展。

为了保证国家的长治久安，隋文帝不得不对来自北方突厥骑兵的扰掠和南方陈朝的势力动用兵戈。约用了5年，才基本消除了来自北方的威胁。下一步便是统一中国！

统一中国，最大的障碍是南方的陈朝。当时，陈朝统治着中国南方的大部分领土。自从西晋以来，北方人大量南迁，他们和当地人民共同努力，使南部地区迅速发展起来，具备了相当的经济实力。可是，陈朝的末代皇帝陈后主，是一个不折不扣的昏君。他骄奢淫逸，不理朝政，一心想做一个"无忧天子"，整日沉湎于酒色之中。对陈后主及其统治集团的昏庸无道，广大的百姓早已深恶痛绝。因此，隋军伐陈可以说是顺应了民意。

开元八年（720年）二月，隋文帝下诏伐陈，晋王广、秦王俊、杨素任元帅分路进兵。年末隋军50万人马分八路攻陈。在隋军的步步紧逼下，陈后主依然我行我素。对于边关将士的告急，他说："王气在此，齐兵三来，周师再来，无不摧败。今隋军前来，彼何为者？"他非但不加强防备，而且照样整日歌舞升平，饮酒作乐。

开皇九年（589年）正月，正当陈朝皇宫中灯火辉煌，饮酒狂欢时，隋军已兵临城下。不久，陈后主主动降隋。隋朝得州30个，县400个，户50万。至此，西晋以来持续300年的南北分裂局面宣告结束。

隋文帝杨坚自落世以来，便被荣华富贵所包围。特别是后来一统天下，成为新朝帝王，倘若要想奢侈、挥霍，是大有条件的。可是，他却是勤奋从政，倡导节俭，且身体力行的少有的帝王。

隋文帝在即位之前，对治国之难和民心的重要性体会颇深。建国之初百废待兴，民众之贫困，使他像历史上许多初创基业的君主一样，善体察民情，勤俭治国。

隋朝建立后的一年，关中地区发生天灾，民不聊生，粮食不够吃，人民生活异常艰辛。当隋文帝从探报那里听说，当地百姓因为没有粮食，只得以豆皮、杂糠充饥后，他马上命侍从将自己的饭菜撤下，并声明自此以后，给他上饭不得有酒、肉。对于一个封建帝王而言，尽管这种做法的目的不外乎争取民心，可是，就做法本身而言，隋文帝堪称明君。

隋文帝不爱豪华，被当今史家称为中国历史上以节俭著称的帝王。据说，隋文帝的衣服，大都是用布帛做成的。他不仅很少穿绫罗绸缎，而且也反对别人给他送这类东西。有一次，扬州刺史将当地出产的名贵绫文布上贡，便着实激恼了隋文帝。在众朝臣面前，他命令侍人将这些布在殿堂上烧掉，以表决心。

隋文帝特别制定了奖罚官吏的办法。他经常派人巡察内外官吏，发现贪赃枉法者便严加制裁；对于表现较好的官吏，则给予奖赏。对于自己的孩子，他的要求也很严格。隋文帝的儿子杨俊，就是因为生活奢侈，私造宫室，被他发现，而下令禁闭的。

开皇二十年（600 年），隋文帝发现太子杨勇奢侈好色，便将其废黜，立杨广为太子。有一次，他看到杨勇有一副相当精致的铠甲，上面镂花镌纹，备受杨勇喜爱。他不以为然地对杨勇说："自古以来，没听说奢侈腐化能够长治久安，你身为太子，要注意节俭。"同时，他还把自己的旧衣服送给杨勇。可惜，杨勇根本听不进去父皇的教诲，最终被赶出了太子府。

隋文帝对六宫嫔妃也有一条极特别的规定，即是要穿洗过的衣服，衣服破了，补好后接着穿。同时，他自己带头节俭，平时吃饭，他最多只允许上一个好菜。由于隋文帝自己节俭清正，隋朝早期的政治风气也颇为廉正。一时间朝野上下崇尚节俭的风气甚浓，老百姓也受益不小。

在隋文帝的后期，整个国家民富国强，人口大增，粮仓丰足。可惜隋文帝后来逐渐变得独断专行，主观武断，这些都为隋朝的过早灭亡埋下了祸根。

隋炀帝杨广

隋炀帝，名广，又名英，小字阿摩，13 岁时被封为晋王，在南下灭陈和抵御北方突厥的过程中，他立有大功，并笼络了一批人才，一心要取代兄长杨勇的太子地位。由于杨勇生活奢侈，渐渐失去了隋文帝的欢心。杨广就迎合文帝的心意提倡节俭，伪装出生活俭朴、不好声色的样子。每当文帝到他府中，他就把浓装艳抹的姬妾锁进里屋，而在王府中安排几个又老又丑的妇人，还故意将乐器的弦弄断，在乐器上布满灰尘，放置在引人注目的位置，让文帝相信自己是一个很俭朴的人。

他还假装有仁爱之心，骗得文帝的信任。有一次，在与文帝外出狩猎时，正逢大雨。侍卫给他送上油衣（雨衣），他拒绝着说道："兵士们都在大雨中淋着，我一人岂能穿上独自避雨呢？"文帝听到后以为杨广具备仁爱之心，日后能成大事，更加喜爱，与此同时，杨广又勾结和杨勇不和的越国公杨素，在文帝和独孤皇后面前极力中伤杨勇，诬陷杨勇在文帝生病期间，说他盼望父皇快死。文帝听后逮捕了杨勇，于公元 600 年废为庶人，改立杨广为太子。

公元 604 年 7 月，文帝病重卧床，杨广认为登上皇位的时机已到，迫不及待地写信给杨素，请教怎样处理将要到来的文帝后事。不料送信人误将杨素的回信送给了文帝。文帝读后大怒，马上宣召杨广入宫，要当面责问他。此时，宣华夫人衣衫不整地跑进来，哭诉杨广乘她换衣时无耻地调戏她，使文帝更醒悟到受了杨广的蒙骗，拍着床子大骂："这个畜生如此无礼，怎能担当治国的大任，皇后误了我的大事。"急忙命在旁的大臣柳述、元岩草拟诏书，废黜杨广，重立杨勇为太子。杨广得到安插在文帝周围的爪牙的密报，忙与大臣杨素商量后，带兵包围了皇宫，赶散宫人，逮捕了柳述、元岩，谋杀了文帝。杨广又派人假传文帝遗嘱，要杨勇自尽，杨勇还没有做出回答，派去的人就将杨勇拖出杀死。就这样，杨广以弑父杀兄的手段夺取了皇位，史称炀帝，第二年改年号为"大业"。

杨广一夺到帝位，就显露出荒淫奢侈、残虐人民的本性，成为中国历史上最有名的暴君。他即位第一年，就决定迁都洛阳。他命杨素营建东京宫室，又命宇文恺与封德彝等造显仁宫。每月役使200万人营建洛阳。又征集各地的奇材异石，运送洛阳。农民运输劳役繁重，绵延千里络绎不绝，使许多人活活累死在路上。他又下令在洛阳西郊建筑一座西苑，占地200多亩，苑内有海，海中修造三个仙岛，高100多尺，岛上建筑亭台楼阁，十分壮观。海的北面有龙鳞渠，渠水曲折流入海中，沿渠修建了16个别院，每院由一个妃子主管。整个西苑被点缀得四季如春，秋天，用彩绫剪成花叶，挂满树枝；冬天，杨广所到的宫院，池沼中的冰得赶快凿掉，用彩绸剪成莲叶荷花布置在上。苑内还饲养着各种珍禽异兽，供杨广游猎、观赏。晚上，杨广经常带着几千骑马的宫女，吹奏着乐曲，到西苑游览、夜宴。

同一年起，杨广为了游玩和加强对南方的统治，征调100多万民工，历时6年，修建了一条东北起自涿郡（今河北省涿州），东南到苏杭，全长4000多里的大运河。河的两旁开辟大道，道旁种上榆树和柳树，岸边每隔两个驿站设置一座行宫。自洛阳到江都（今江苏省扬州市），共设置了40多座行宫。开凿大运河，共用了约1亿5千万个人工，平均当时每户百姓要出近20个人工，不少开挖运河的民工累死在河中。有一段河道挖得浅了些，杨广竟下令将挖掘这一段的官吏和民工5万多人全部捆住手脚，活埋在岸边。但在客观上，这条用无数劳动人民血汗修建成的大运河，起着便利南北交通，促进南北经济文化交流，有利于国家统一的重要作用。

从大业元年（605年）八月起，

隋炀帝陵

杨广三次通过大运河到江都巡游，他乘着长200尺，高45尺，上下4层的大龙舟。随行的嫔妃、王公大臣、僧尼道士分别乘几千艘华丽的大船，首尾相望，绵延200多里，拉船的纤夫就有8万多人，两岸还有骑兵护送，旌旗蔽日，热闹非凡。一到晚上，灯火通明，鼓乐喧天。杨广在船上纵情饮酒作乐，观赏两岸风景。沿途500里以内的百姓，被迫奉献食品。珍贵美味的食品吃不完，开船时就挖一个坑埋掉了事。许多百姓被弄得倾家荡产。

杨广先后三次发动了对高丽的战争。大业八年（612年），进行了第一次征讨。出兵以前，他征调大批工匠在山东东莱（今山东省掖县）海口大规模造船。工匠被迫在水中不分昼夜地劳作，腰部以下都生了蛆，死亡的有十分之三四。他还征调江淮以南的民工和船只，把黎阳仓、洛口仓的粮食运到涿郡，船只前后相继，长达1000多里。奔走在路上的民工和兵士，经常有几十万人。很多人倒毙路旁，尸臭不绝。准备就绪后，隋军100多万人分海、陆两路进攻高丽，大败，只有2700人逃回。大业九年（613年）正月，他又第二次征讨高丽，四月炀帝渡过辽水，然而在六月，国内杨玄感起兵攻打洛阳，炀帝因后顾之忧，只好退兵。大业十年（614年），国内农民起义席卷大江南北。炀帝妄想以对外胜利来扭转危亡的命运，对高丽进行了第三次征讨。但当时农民起义军遍地皆是，征集的士兵或因道路阻隔不能到达，或沿途逃散，以致兵员不足，无法进军，只好与高丽议和，乘势收兵。

同时，杨广为了表示隋朝的富足强盛，他利诱西域使者和商人入朝，沿途郡县奉命耗费巨资迎送。公元610年，西域各国使者和商人齐集洛阳。从正月十五夜间开始，杨广命令在皇城端门外大街上置设盛大的百戏场，为西域人演奏百戏，戏场大至周围5000步，奏乐人多至18000人，几十里外都能听到乐声，灯光通明如同白昼，直演奏到正月底结束。西域人到洛阳东市做交易，杨广命令本市商人盛饰市容，广积珍货，商人都服装华美，连地摊上的卖菜人也得用龙须席铺地。西域人经过酒食店门前时，店主都得邀请他们入座吃饱喝足，不收分文，还说隋朝富饶，酒食照例不要花钱。市内树木也都用帛缠饰，以示富足。西域人问道："你们隋朝也有赤身露体的穷人，为什么不用这些帛给他们做衣服穿，却白白用来缠树？"市人无言以对。就这样，隋文帝时期积累起来的巨量财富和民力被杨广无限止地挥霍和消耗着。而无止境的徭役和兵役，又迫使千千万万的农民离开家园，大量田地荒芜，广大农民无法生活，只得吃树皮、树叶，甚至发生了人吃人的惨剧。

公元615年，他再次去北部边境巡游，突厥几十万骑兵突然来袭，把他围困在雁门（今山西小代县），他只能抱着幼子杨杲日夜啼哭，束手无策。最后接受了大臣苏威等建议，下诏书保证不再出兵攻打高丽，并悬重赏募兵，各地县令纷纷应募，领兵前来求援，才使得他解围。但是，他回到洛阳后就推翻诺言，不给赏赐，并下令再次攻打高丽。

杨广如此暴虐的统治，终于在公元611年激起了农民大起义。但杨广却仍不加收敛，依然奢侈残暴，而且拒绝臣下的劝谏。公元616年，他不顾隋朝的安危，再次巡游江都，临出发时，小官崔民象上表谏阻，他把崔民象杀了。走到汜水（今河南省荥阳县），小官王爱仁上表劝谏，他又杀死王爱仁，继续前行。到了梁都（今河南开封），有人拦路上书，说你如果定要去江都，天下就不是你的了，他又杀死了上书人，最后，他还是来到了江都。

就在杨广大肆挥霍时，农民大起义的烽火越燃越烈，杨广也预感到末日临头，一直胆战心惊，以致他晚上难以安睡，睡梦中又常惊呼有贼。要几个宫女像哄孩子那样哄着，摇抚着才能入睡。有一次，他拿起一面镜子呆呆地照了良久，对萧皇后说："我这颗头颅不知道谁来砍它呢？"萧皇后惊恐地问他为什么说这话，他强作笑容说："贵贱苦乐没有一定，砍头也不算什么。"为了防止意外，他将毒药随时带在身上，好在危急时吞下。

大业十四年（618年）三月三日，将领宇文化及引兵北还，于傍晚时杀入宫中。杨广闻变，仓皇改换服装，逃入西阁，叛将裴虔通、元礼、马文举等从宫女口中得知炀帝所在，引兵赶到西阁，和士兵们一起将他拥入内室勒死，终年50岁。38年的隋朝灭亡了。

知识链接

隋文帝创制三省六部

三省六部制是西汉以后长期发展形成的，是封建社会的主要政治制度。而隋文帝杨坚则首次将这套制度完整地搬上历史舞台。

> "三省"是中国古代皇帝之下的三个最高政务中枢机构尚书省、中书省（隋朝时称为内史省）、门下省的合称。尚书省掌管行政，长官是尚书令和左、右仆射；中书省掌管军国政令，负责起草制定政策，也是决策机关，长官是中书令和中书侍郎；门下省掌管政令的审核，进行议论封驳，政令不善者可以驳回，长官是侍中（隋朝时称纳言）和门下侍郎。
>
> 三省的长官实际上相当于秦汉的宰相。那么，把宰相之职一分为三，避免了权臣专权，使中央集权进一步加强。
>
> "六部"是中国古代中央政府六个行政管理机关的合称，即吏部、户部（隋朝时称度支）、礼部、兵部、刑部（隋朝时称都官）、工部，具体负责人事、财政、礼仪、科举、军事、刑法、工程等国家事务。

第二节　唐代名帝

唐高祖李渊

李渊出生于公元566年，公元618年即位，至公元626年禅位，公元635年病卒，终年70岁，在位9年。年号武德。

李渊，字叔德，祖籍陇西成纪（今甘肃秦安西北）人。他出身于大贵族家庭。其祖父李虎帮助宇文泰在关中建立政权，是西魏北周的府兵八柱国之一，死后追封为唐国公，由子李昞袭封。李渊8岁时继袭封爵，先后担任州刺史、郡太守和中央卫尉少卿等官职。（大业十三年）617年，隋炀帝任命他为军事重镇太原的留守。李渊在隋末农民起义爆发的时候，利用自己的权力镇压农民起义军，扩大了地主武装，巩固了在太原的地位。当他看到隋朝势力快要崩溃了，就谨慎地开始了起兵反隋，并着手取而代之的准备工作。建大将军府，编训三支军队。他任命长子李建成为左领军，次子李世民为右领军，幼子李元吉为太原留守。

同年七月，李渊为了不引起隋朝统治者注意，便以尊隋讨叛的名义，在晋阳（今太原市）誓师出发，进军长安。当大军走到霍邑（今山西霍县）的时候，被隋朝大将宋老生所阻。当时，正值天降大雨，军队又没粮食吃，又得悉突厥和刘武周要联合袭取太原，李渊便

唐高祖李渊

想退兵守城。后经建成、世民两人苦劝，才决定继续进攻霍邑。用激将法引出宋老生，将其杀死。李渊父子占领霍邑之后，便长驱直入关中。途中，招降了孙华领导的农民起义军。这时，李渊的从弟李神通、女儿平阳公主（柴绍的妻子）和李渊的另一个女婿段纶，都带兵前来与之会合，所以，当李渊逼近长安时，已有20多万人的军队了。十一月攻克长安，李渊占领长安后，为了争取和拉拢隋朝的一些地方势力，减少敌对力量，仍没有直接打出反隋的旗号，相反，他还立隋炀帝长子杨昭之子、代王杨侑为帝，就是隋恭帝。恭帝即位，改年号为义宁，并且遥尊逃到江都的隋炀帝为太上皇。这充分表明李渊具有老谋深算的政治经验。因为立恭帝，尊隋炀帝为太上皇，既承认了隋朝仍然存在，又等于取消了隋炀帝作为皇帝的合法地位。为篡夺隋室江山，建立唐朝打下了基础。

公元618年三月，隋炀帝被杀的消息传到长安后，李渊感到没有再打尊隋旗号的必要，便决定称帝。但是为了避免篡权夺位的嫌疑，他便暗示部下逼杨侑自己提出让位的建议，而李渊则假意再三推托辞让，又经他的亲信不

断上表劝进，这样他们反复演了几次"双簧"之后，李渊才在这一年的五月，登上了大唐皇帝的宝座。唐高祖称帝后，便打出唐朝的旗号，决心和各个敌对的集团争夺天下，实现统一全国的宏伟目标。于是，唐高祖采取东联李密，北和突厥，集中力量解决西北问题的策略。从公元618年到公元620年（武德元年到三年），先后打败了薛仁杲、刘武周两个劲敌，占领了山西，消除了后顾之忧，使关中成为巩固的根据地。关中和太原稳定之后，李渊便决定集中力量争夺中原。

武德三年（620年）七月，李渊命其子李世民带兵出关，攻打洛阳。这时河南郡县大半归唐，洛阳已成了一座孤城。王世充派人向窦建德求援，窦建德企图先跟王世充合作击败唐兵，然后再找机会，消灭王世充，进一步夺取天下。武德四年（621年）三月，窦建德领兵10万，号称30万，进到成皋（今河南荥阳汜水镇）。李世民亲自带兵3500人占据武牢，阻击窦建德军。由于窦建德不听部下的正确意见，想一举拿下武牢这个关口，结果欲速则不达。李世民沉着应战，只是防守，并不出战，双方相持了1个月，窦建德也没拿下武牢。后来，窦建德兵士气低落，李世民乘机攻击，窦建德军败退，他身受重伤被俘。王世充感到大势已去，被迫向唐朝投降。于是，李世民占领了洛阳，河南战事随之结束。武牢战役，使唐朝取得了对中原、河北的统治权。与此同时，窦建德旧部在刘黑闼的领导下，从漳南发动起义，建号东汉王。由于刘黑闼多次击败唐军，唐高祖只好再次派李世民东征。武德六年（623年）一月，刘黑闼战败，英勇就义。刘黑闼起义失败后，杜伏威部将辅公祏率领淮江起义军在丹阳反唐，后军战败牺牲，江南、淮南从此为唐朝管辖。到624年（武德七年），唐朝把各地的农民军和地主武装割据基本削平。所剩北边依附于突厥的梁师都的势力，到贞观二年（628年）也被唐军消灭。至此，李渊父子终于完成了统一全国的大业。

唐太宗李世民

李世民是初唐杰出的政治家、军事家，有经天纬地之才，气吞山河之志。早年南征北战时，他就是大唐一统天下不可或缺的战将。玄武门之变后，他励精图治、锐意中兴，开启了唐王朝四海归服、九洲升平的盛世局面。

李世民是唐高祖李渊的次子，隋十八年十二月（599年一月）出生于武

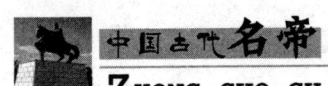

功（今属陕西）。据说，有一次，李渊在陕西凤翔见到一位会相面的书生，这位书生见到李世民后，大加赞赏："这个孩子有龙凤之姿，天日之表，到二十岁的时候，一定可以济世安民的。"于是，李渊便给儿子取名为"世民"。

李世民生长在贵族家庭，母亲是神武公窦毅的女儿，她是一位出色的才女；父亲李渊是隋王朝的要员，是隋文帝独孤皇后的姨侄儿。作为将门皇亲之后，他从小就受到了家庭的熏陶，武艺娴熟，擅长骑马射箭；他所接受的教育也是剑战攻伐和文韬武略。他喜爱读书，少时就能用孙子之言与父亲讲述用兵布阵的方法，深得父亲喜欢。而且李世民为人豪爽很有见识，人们称赞他"临机果断，不拘小节"。

隋朝末年，李世民随父亲李渊起兵太原，反抗隋朝的残暴统治。在由晋阳进军关中的过程中，李世民作为统帅，一直发挥着重要作用。后来，李渊建立了左、中、右三军，李世民被任命为敦煌公、右领军大都督，统率右三军。李渊起兵遭遇了隋将的顽强抵抗，渐渐失去了信心，这时李世民劝住了父亲，身先士卒，击败隋将。此后李渊东进的时候又遇到了屈突通的抵抗，这时又是李世民力排众议，绕过屈突通向长安进军。攻下长安后，李渊立了一位傀儡皇帝，以便号令天下，然后在关中积极发展势力。

武德元年（618年），唐高祖李渊即位，李世民晋封为秦王。这时，刘武周侵占并州，李世民统军出击，大破刘军，收复并州。旋即率军东征，一举消灭了河北窦建德和洛阳王世充两大劲敌，奠定了统一全国的基础。武德五年，他率军打败窦建德余党刘黑闼于河北。天下逐步平定后，李世民"开文学馆"，以杜如晦等18人为学士，向他们认真学习。以武功见称的李世民，从此，也开始重视政治。

由于李世民战功卓著，威胁着太子李建成的地位。武德晚期，双方为争夺皇位继承权进行了激烈的斗争。公元626年，李世民发动"玄武门之变"，杀死了太子李建成和齐王李元吉，结束了这场斗争。唐高祖被迫立李世民为皇太子，两个月后，李渊被迫退位，李世民改元贞观，是为唐太宗。

唐朝第二代皇帝李世民的陵墓

李世民从18岁开始到27岁登基做皇帝，一直在戎马倥偬东征西战中度过，在统一战争中，他不仅是主要的决策者，还是大唐帝业的实际创建者。他即位后，吸取了隋朝统治和隋末农民起义的经验教训，积极推行均田制等一系列有效的改革措施，虚怀纳谏、励精图治。从他即位到去世时止，唐朝的政治清明，社会安定，经济发展，文化繁荣，国势极为强盛，出现了历史上称颂不绝的"贞观之治"（627—649年）。据说贞观四年（630年），全年仅"断死刑二十九人"，"东至于海，南至于岭，皆外户不闭，行旅不赍粮焉"。贞观八、九年间，"米斗四、五钱，马牛布野，外户动则数月不闭。至十五年，米每斗值两钱"。

在政治方面，英明的李世民沿用了隋朝的官吏制度并进行了一定的改革。增加了宰相的数量，提高了办事效率，也避免了宰相专权。合并了部分州县，精简了机构，并且很注意对地方官的选拔，大大提高了地方官的素质。因而使唐初吏治出现了"法平政成"的局面。法制方面，他健全了完备的法律制度，改变了隋末苛法滥刑。他本着"意在宽平"的精神，制定了《贞观律》，对后世封建法律有着重要影响。

在经济方面，他继续推行武德末期颁行的均田制，使贫困的农民获得了土地，促进了农业生产的发展。

唐太宗还很重视水利建设，在朝廷设置专官，"掌天下川渎陂池之政令"，发动各地兴修水利，颇有成效。

在文化方面，唐太宗具有尊师崇儒的远见卓识，大力兴办学校。在朝廷设立国子监，收教各级官僚子弟，另建弘文、崇文两馆，专为皇亲国戚和大官僚子弟而设，他还在地方设州、县两级学校。这些学校就其规模、种类、数量和课目来说，都比前代更为进步，特别是专科性质学校的出现，在中国教育史上占有重要的地位。唐太宗还很重视历史对政治的借鉴作用，他说："以古为镜，可以知兴替。"因而贞观时期，在史书编纂上取得了重要的成绩。从两晋以来的各朝历史都开始重修。在修撰前代史的同时，也开始修撰国史，除纪传体的国史外，又创立了编年体的实录。

作为政治家的唐太宗，一个重要的长处就是善于求贤和纳谏。他认为"为政之要，惟在得人"。房玄龄"善谋"，杜如晦"能断"，唐太宗以他二人为相，辅佐自己，"二人深相得，同心殉国"，辅助唐太宗，造就了贞观之治。唐太宗要求臣下推荐人才，自己也留心观察、发现和提拔有用之才，推行

"任人惟贤"的用人之道。他所任用的,大多为德才兼备之士,这些人,有的是旧部下,有的是旧日敌人,也有新出现的才智之士。尉迟敬德原是刘武周手下的一员大将,后来,他与另一将领寻相一起率众投降了李世民。但不久,寻相就叛变了,为此,李世民的手下诸将便怀疑尉迟敬德,把他囚禁起来,劝李世民把他杀掉以绝后患。李世民却说:"尉迟敬德有心叛变的话,难道还会落到寻相之后吗?"他命人放了尉迟敬德,还抚慰他说:"大丈夫以义气相许,请不要把这次误会放在心里,我是不会因为旁人的几句闲话而加害良士的。"尉迟敬德对此深为感动,在以后的历次战斗中出生入死,屡建奇功。

唐太宗不但明于知人,而且善于纳谏。他鼓励臣僚"事有不利于人必须极言规谏"。因此,贞观时期出现了不少有名的谏臣,而魏征尤为突出。魏征原是太子李建成的心腹,曾极力劝说李建成除掉李世民。玄武门事变后,魏征成为阶下囚,但他并不贪生怕死,铁骨铮铮。李世民十分看重他的正直和才干,对他不计前嫌,以礼相待,加以重用,后来官至宰相。魏征是历史上有名的"谏臣",在贞观年间,无论是国家政事,还是唐太宗的个人行为,只要他认为不妥的,便直言进谏,即使冒犯唐太宗,也不退却。据说他进谏200余事,大多为李世民采纳。魏征进谏,唐太宗纳谏,成为封建社会君明臣贤的美谈。唐太宗被誉为"从谏如流"的明君,是与魏征不断直谏密切相关的。贞观十七年魏征病逝,太宗哭道:"人以铜为镜,可以正衣冠;以古为镜,可以知兴替;以人为镜,可以知得失。朕常保此三镜,以防已过。今魏征病逝,遂亡一镜矣。"又如马周,本不知名,唐太宗见到他为将军常何写的奏事,认为很有才能,立即召见。马周确实能干有才,后来官至中书令。唐太宗就是这样,随时留心、发现和任用贤才。

此外,唐太宗在处理周边民族关系上也建树颇多。他任用李靖、李勣等为将,对不断侵扰边境的突厥予以沉重打击,将其彻底打垮,生擒颉利可汗。对西域原来受到突厥压迫的各族人民加以抚慰,受到了衷心拥戴,被尊为"天可汗"。

随后他又击败了阻碍西域交通的吐谷浑,与吐蕃和亲,把文成公主嫁给吐蕃松赞干布,使边境得以安定。对于迁入内地的少数民族,他做到了一视同仁,甚至大量吸收了各民族的代表人物参加政权,密切了民族关系,促进了各族人民的交往和经济文化的发展。这种开明的民族政策为中华民族的大团结奠定了基础。

第四章 隋唐五代时期的名帝

作为封建君主，唐太宗在政治思想上确有其难能可贵之处。他常引用前人的话说："舟，所以比人君；水，所以比黎庶。水能载舟，亦能覆舟。"他以此自警，也用来教导自己的臣子。

似乎人的年龄大了就都爱听好话，这好像成了一个规律。贞观后期，可能也是太平盛世过久了，他也开始自满了起来，对于自身的要求也没有以前严格了，别人的话也有些听不进去。贞观十年，魏征发现他"渐恶直言"，这也拉开了唐太宗走向错误的序幕。

他的渐恶直言主要表现在这几件事情上，一是征伐高丽，前后两次，他不听大臣们的劝告，虽然取得了一些胜利，但得不偿失。因为战争的地点遥远，花费巨大，结果引起农民起义，激化了国内矛盾。

另外，隋朝晚年的浪费似乎已经离盛世已远，国内奢侈现象又逐渐增多。贞观十六年，唐太宗甚至下诏说，太子所用之物其他机关不得限制，结果造成太子的严重浪费现象。不只太子如此，唐太宗自己也开始注意自己的衣食住行起来，他几次修造宫殿，比如贞观十一年在东都洛阳修飞山宫，二十二年又修翠微宫。

唐太宗这个被人所称道的圣君，还开了一个历史的先河，破坏了由来已久的惯例，那就是看史官所写的起居注。起居注是专门记录皇帝日常生活和言论的，皇帝无权干涉，这是历来的传统。所有的皇帝都要尊重史官的职权和地位，而且史官也会秉笔直书。而这个"真命天子"却认为自己没什么不能做的，破坏了制度。

但是，唐太宗并不是不知道自己在做什么，他还不至于糊涂到犯了错误也不知道反省的地步。在晚年时，他在对太子李治教诲时反省了自己的一生："你应该从历史中找古代的贤明帝王为学习的典范，像我这样的不足以效法。我做了许多错事，比如锦绣珠玉不绝于前，宫室台榭常有兴造，犬马鹰隼没有不去的地方，行游四方又劳民伤财，这都是大错，你不要以为这

唐太宗

都是好事，总想学着去做。"

贞观十年（636年），辽东战役回来时，唐太宗生病，此后开始服用金石丹药。贞观二十二年（648年），唐太宗又得了"风疾"，烦躁怕热，便让人在骊山顶峰修翠微宫。第二年，吃了某种"延年之药"，结果使病情恶化。贞观二十三年（649年五月），中"灵丹"之毒，不治身亡。六月，太子治即位，是为高宗。

唐高宗李治

贞观二年（628年），唐太宗第九子李治出生；贞观五年（631年），被封为晋王；贞观十一年（637年），被任命为并州都督。李治为长孙皇后所生，是唐太宗的第三个嫡子。按理说，如果他的两位胞兄健在的话，他是很难登上皇位的。李治本无意做皇帝，但在经过京城的一场波动之后，竟被推上了皇太子的位置，并最终登上了皇位。可以说，李治继承皇位，是唐太宗嫡长子李承乾和次子李泰争夺皇位折衷的结果。

李治做了太子后，唐太宗将心血注入他的身上。贞观二十二年（648年）正月，唐太宗作了《帝范》十二篇（《君体》、《建亲》、《求贤》、《审官》、《纳谏》、《去谗》、《戒盈》、《崇俭》、《赏罚》、《务农》、《阅武》、《崇文》）赐给李治，并嘱咐他说："修身治国，备在其中。一旦不讳，更无所言矣。"

后来，唐太宗病笃，李治昼夜陪在他身旁，有时"累日不食，发有变白者"。唐太宗哭着说："汝能孝爱如此，吾死何恨！"临死前，他对长孙无忌、褚遂良说："朕今悉以后事付公辈。太子仁孝，公辈所知，善辅导之！"又对李治说："无忌、遂良在，汝勿忧天下！"唐太宗死后，李治即位，是为唐高宗。

贞观二十三年（649年）八月，也就是唐高宗即位后两个月的一天晚上，国内发生了大地震，晋州最为剧烈，有5000多人被压死。此后，晋州又多次发生地震。面对上天对他的这次考验，唐高宗没有惊慌，而是按部就班地应对，避免了动荡局面的产生。

永徽元年（650年）正月，唐高宗对群臣说："朕初即位，事有不便于百姓者悉宜陈，不尽者更封奏。"此后每日引十位刺史入阁，向他们询问百姓疾苦和政治。当时有人诬告长孙无忌谋反，唐高宗并不理会，继续礼尊长孙无忌、褚遂良二人。他们二人同心辅政，使得永徽年间"百姓阜安，有贞观之遗风"。

唐太宗之女衡山公主要出嫁，有司认为丧服已除，打算在这年秋年为其圆婚。于志宁上言道："汉文立制，本为天下百姓。公主服本斩衰，纵使服随例除，岂可情随例改，请俟三年丧毕成婚。"唐高宗同意于志宁的建议，衡山公主不得嫁。

唐太宗在晚年时曾因突厥的车鼻可汗不入朝而派右骁卫郎将高侃攻打突厥，以失败而告终。唐高宗为了完成唐太宗遗志，令高侃再次攻打突厥。高侃擒获突厥车鼻可汗，并将其押入京师。唐高宗封车鼻可汗为左武卫将军，都督军山，并分置单于、瀚海二都护府，令单于领狼山、云中、桑干三都督，都督十四州，令瀚海领瀚海、金徽、新黎等七都督，都督八州。永徽三年（652年）正月，吐谷浑、新罗、高丽、百济同时遣使向唐朝入贡；四月，西南蛮被唐军平定。

唐高宗虽然处处为民着想，但也有出猎的喜好。一次，他在出猎时遇雨，向谏议大夫昌乐谷那律问道："油衣若为则不漏？"对曰："以瓦为之，必不漏。"唐高宗欣然接受其劝谏，不再外出游猎。

永徽三年（652年）二月，唐高宗登楼看戏。后来他对侍臣说："昨登楼，欲以观人情及风俗奢俭，非为声乐。朕闻胡人善为击鞠（踢皮球）之戏，尝一观之。昨初升楼，即有群胡击鞠，意谓朕笃好之也。帝王所为，岂宜容易。朕已焚此鞠，冀杜胡人窥望之情，亦因以自诫。"

当初，房玄龄之子散骑常侍房遗爱娶了唐太宗之女高阳公主。高阳公主为人骄恣，在房玄龄死后挑唆房遗爱与其兄房遗直分家财，随后诬陷房遗直。唐太宗听了房遗直的直言后深深责备了高阳公主。此后，高阳公主不再受宠，遂感到不悦。后来，御史在劾查案件时发现高阳公主与有罪的辩机私通。唐太宗大怒，腰斩辩机。高阳公主更加怨恨唐太宗，以至于在唐太宗死后毫无戚容。唐高宗即位后，高阳公主再次在房遗爱、房遗直间挑拨离间。结果，房遗爱被贬为房州刺史，房遗直被贬为隰州刺史。

驸马都尉薛万彻与房遗爱交好，被迁徙为宁州刺史后曾与其商议："若国家有变，当奉司徒荆王元景为主。"当时，李元景的女儿嫁给了房遗爱的弟弟房遗则，遂与房遗爱开始往来。柴绍之子驸马都尉柴令武娶了唐太宗之女巴陵公主，被贬为卫州刺史后以看病求医为由留在京师，暗与房遗爱勾结。高阳公主想罢黜房遗直以夺其封爵，于是派人诬告房遗直对她无礼。房遗直不甘示弱，也向唐高宗揭发房遗爱和高阳公主的罪行。唐高宗令长孙无忌核查此案，发现了房遗爱、高阳公主等人的谋反阴谋。随后，唐高宗果断斩杀了房遗爱、薛万彻、柴令武等人，并赐死了李元景、高阳公主和巴陵公主。

从上面的种种表现来看，唐高宗算得上是一个合格的皇帝。但是，要想治理好国家，需要从多个方面出发。除了能够安抚民众、以身作则、平定内乱、收复边疆外，还要善于处理好与臣子、妃妾的关系。唐高宗虽然做到了前者，但却忽略了后者。自显庆五年（660年）始，唐高宗"风眩头重，目不能视"，随后时有发作。在这种情况下，颇有治国才能的皇后武则天逐渐掌握了皇权。自上元元年（674年）始，47岁的唐高宗很少参与国事。

弘道元年（683年）十二月，56岁的唐高宗病逝。

女皇武则天

武则天，名曌，山西省文水县南徐村人。唐武德七年（624年），她出生在新贵显宦之家，有着显赫的权势和豪奢的生活，正因为有这种环境，所以滋养了她无限量的权力欲。再加上她自幼聪慧敏俐，极善表达，胆识超人。父亲深感她是可造人才，遂教她读书识字，使她通晓世理。据史料记载，武则天十三四岁时，已是博览群书，博闻强记，诗词歌赋也都奠定了一定基础，而且长于书法，字态卓尔不群。

贞观十一年（637年），14岁的武则天以长相俊美入选宫中，受封"才人"。入宫之后，武则天行事干练，善解人意，再加上姿色娇艳，颇得太宗欢心，遂赐号"媚娘"。时日久后，太宗又发现武则天学识特别好，并且懂得礼仪，便把她从侍穿衣着的行列中，调入御书房侍候文墨。这一变故使武则天开始接触到了皇家公文，了解了一些宫廷大事，并能读到许多平日不可能见得到的书籍典章，眼界顿时开阔起来，慢慢地通晓了官场的政治和权术。

贞观二十三年（649年），唐太宗去世，武则天与所有嫔妃，被发送长安感业寺削发为尼。太宗的第九个儿子李治即位后，因早先与武则天暗通，因此经常往来于感业寺，并在即位两三年后重召武则天入宫，晋封为"昭仪"。

武则天能再次入宫，从根本上得力于王皇后。开始时武则天对王皇后卑躬屈节，极力奉承。但武则天心里明白，如果想得到高宗更多的宠爱就必须

第四章 隋唐五代时期的名帝

想法设法除掉其他嫔妃。于是，在当她得知王皇后与萧淑妃有矛盾时，便联合王皇后，对萧淑妃进行了陷害，使萧氏失宠。之后，武则天又开始了对付王皇后的计划。公元654年，武昭仪产下一女儿，深得高宗喜爱。有一天，王皇后闲得无聊，到昭仪宫中逗小公主玩，然后就离去。武则天在王皇后来时，故意避开，当王皇后离去后，她将小公主弄死，嫁祸于王皇后。公元655年，王皇后被诬以杀死小公主的罪名，废去后位，武则天因此被立为皇后。此后她又生下三子一女：李贤（章怀太子）、李显（中宗）、李旦（睿宗）和太平公主。

登上皇后宝座的武则天，因机智精明，"通文史，多权谋"，使得高宗对她宠爱有加，并另眼相看。她也开始利用皇后的身份，积极参与朝政，使得许多事情在得到她的同意后才能决定。从永徽六年（655年）到显庆四年（659年）的5年里，她设法清除政敌，贬尚书右仆射褚遂良，使其郁闷而死；黜同中书门下长孙无忌，逼其自缢；罢免朝中褚遂良、长孙无忌的支持者，巩固和扩大了自己的影响和权力，扫除了她参政道路上的障碍。

显庆五年（660年），高宗李治因患风眩，目不能视，遂下诏委托武后协理政事。自此，武则天正式步入垂帘听政阶段。弘道元年（683年），高宗病逝，中宗李显刚刚继位，武后则以皇太后名义临朝听政。一年后便废掉中宗，改封庐陵王，立四子李旦为帝，史称睿宗。690年，又废李旦自立为则天皇帝，改国号为周，改元天授，史称"武周"。

武则天称帝后，重视人才的选拔和使用。她认为"九域之广，岂一人之强化，必伫才能，共成羽翼"。凡能"安邦国"、"定边疆"的人才，她不计门第，不拘资格，一律量才使用。为了广揽人才，她发展和完善了隋以来的科举制度，扩大招贤面，还允许自举为官、试官，并设立员外官。此

武则天

91

外，她还首创了殿试和武举制度，为更多更广地发现人才、搜罗人才创造了有利的条件。其中像中唐名将郭子仪，就是通过武举选拔的。这样，在她施政的年代里，始终有一批"文似仁杰"、"武类休武"的能臣干将为其效命，有力地维护着武周的政权。

对于农业生产，武则天也非常重视。她说："建国之本，必在务农"，"务农则田垦，田垦则粟多，粟多则人富"。她规定，能使"田畴垦辟，家有余粮"的地方官升任；"为政苛滥，户口流移"的"轻者贬官，甚至非时解替"。所以在她统治的年代里，农业和手工业都得到较大的发展，人口不断增加。

在抗击外来入侵，保护边境安宁，改善相邻各国的关系方面，武则天也做了很多努力。对吐蕃贵族的入侵和骚扰，武则天给予坚决的抵御和反击。长寿二年（693年）她派大将王孝杰击败吐蕃，收复安西四镇，复置安西都护府于龟兹。之后，又在庭州设置北庭都护府，巩固西北边防，打通了一度中断的通向中亚地区的"丝绸之路"。在她施政的年代里，坚持边军屯田的政策。天授年间，娄师德检校丰州都督"屯田积谷数百万，兵以饶给"。大足元年（701年），郭元振任凉州都督，坚持屯田五年，"军粮可支数十年"。武氏的这种大范围的长期屯田，对边区开发、减轻人民转输之劳，以及巩固边防都有着积极的作用。

但武则天也有不少消极的行为。她崇佛教、建寺院、筑明堂、造天枢、铸九鼎，浪费了大量的人力物力。在打击政敌的过程中也不免滥杀无辜。官吏大增也必然加重了农民的负担，在她统治时期尽管社会经济有所上升，但逃户问题已经日益严重，府兵制开始走向破坏。武则天重用武氏宗室武承嗣、武三思、武攸绪及武攸宁等人，并大封武氏宗人为王。大臣吉顼等人深以嗣君之选为虑，武则天也感到作为女子，死后只能入李家宗庙享子孙祭祀，所以接受臣下建议，于圣历元年（698年）迎还庐陵王李显，复立为太子。武氏晚年宠爱男妾张昌宗、张易之兄弟，二人狐假虎威，作威作福。神龙元年（705年）正月，张柬之、桓彦范、崔玄、敬晖等人联合右羽林大将军李多祚发动政变，诛杀二张，逼则天退位，迎中宗复位。中宗上尊号为则天大圣帝，后人因此称她为"武则天"，同年十一月去世，享年82岁。

唐玄宗李隆基

唐玄宗，姓李，名隆基，生于公元 685 年，死于公元 762 年。他是唐高宗李治和武则天的嫡孙，唐睿宗的第三子。

李隆基自幼生活在宫闱风云激荡的多事之秋。他是李唐皇帝的后代，而一睁眼看到的却是武周的天下。他从小就有大志，在宫中常以"阿瞒"（曹操的小名）自诩。他有皇室子弟的优越感，又对武氏子侄专横跋扈愤愤不平。7岁那一年，他例行至朝堂朝朔望。金吾大将军武懿宗对其随从高声喝叫，隆基毫不示弱，厉声斥责他："吾家朝堂，干汝何事，敢迫我骑从！"据说祖母武则天听到这件事，对这个孙子更加宠爱。青少年时代的李隆基天资聪颖，学习刻苦，通文史，精骑射，知音律，多才多艺。

神龙元年（705 年），唐中宗在张柬之等李唐旧臣的拥护下，恢复唐朝。但是，他并不信任这些李唐旧臣，他唯一信任的是韦皇后。韦皇后和武三思勾结，形成武、韦两家外戚合作的腐朽集团。这个集团驱逐张柬之等出朝廷，独占了全部政权。

神龙三年（707 年），皇太子李重俊约集左羽林大将军李多祚等，发羽林兵 300 余人，杀武三思等人。唐中宗杀李重俊，韦皇后借口追究李重俊的同谋者，阴谋迫害相王李旦和太平公主。唐中宗不愿牵连到他们，二人才免了祸。这时，李旦的第三子李隆基则在暗中准备消灭韦武集团。

景龙四年（710 年），韦皇后和女儿安乐公主合谋，毒杀唐中宗，准备临朝听制。李隆基抓住时机，当机立断，和太平公主合谋，发动羽林军，攻入宫中杀韦皇后、安乐公主、武延秀等。接着大举杀韦武集团中的人，韦家派全部被消灭，武家派基本被消灭，太平公主出面，恢复了唐睿宗的帝位。

唐睿宗也是一个昏懦的人，他依靠李隆基和太平公主的力量得到帝位，因此，立李隆基为皇太子，使太平公主干预朝政。宰相奏事，他总要询问是否和太平公主、太子商量过。这种昏懦表现，势必助长太平公主的专横，也必然加剧太平公主和李隆基的冲突。太平公主集中精力来对付李隆基，引用大量党徒把持朝政，7 个宰相中，5 个是她的私人，其余文武官员依附她的有一大半。政事昏暗，与中宗时无异。712 年，唐睿宗让位给太子，唐玄宗即位，唐睿宗改称太上皇。713 年，太平公主准备用羽林兵入宫杀唐玄宗。机密泄露，唐玄宗抢先一步动手，杀太平公主及重要党徒数十人，其余党徒一概黜逐出朝。至此，唐政权才切实为唐玄宗掌握。

即位的那一年，唐玄宗28岁，年富力强。他的皇位来之不易，面临的却是政局复杂、吏治腐败、官员冗滥、边疆上战争频繁、国内土地兼并激烈、农民流亡、国家财政拮据的局面，形势十分严峻。这时的唐玄宗，严于律己，勇于纳谏，任人唯贤，关心民间疾苦，是一个锐意改革，开拓进取，励精图治，有所作为的好皇帝。

唐玄宗在开元年间，任用了一批贤相，如姚崇、宋璟、韩休、张九龄等。

姚崇是有名的贤相。当时富户往往用出家做和尚的办法，逃避赋役。他一次就查出12000多人，勒令还俗。他禁止百官和僧尼、道士往来，抑制武、韦时发展起来的寺院地主势力。御弟薛王李业的舅父王仙童侵暴百姓，他不讲情面，请玄宗批准，依法惩办。山东发生蝗灾，他下令捕杀。有人说杀虫太多，要伤"和气"。他表示杀虫如有祸殃，由他一身担当。他入相之前，向玄宗敷陈十事，大意是勿贪边功，广开言路，奖擢诤臣，禁止皇亲国戚擅权，玄宗桩桩同意，从而奠定了开元施政的基本方针。宋璟刚直不阿，守法持重。有一次吏部选官，他的远房叔父宋之超也在应选之列。宋之超说明他和宋璟的关系，想谋取高官厚禄。宋璟知道后，特意关照吏部，宋之超不得入选。韩休十分正直，看到唐玄宗的过失，马上上书指陈得失。有一次唐玄宗照镜子闷闷不乐。左右人说韩休做宰相，陛下比前些时候瘦了，为什么还要用他。唐玄宗说："我用韩休是为了国家，我虽瘦了，天下人一定肥了。"

唐玄宗特别注意地方官的任命和选择。他确立了京官和地方高级官员定期交流的制度，让京官有才识者担任都督、刺史，都督、刺史有政绩者担任京官。

他对县令的选择也很注意。他组织县令进行考试，亲自命题，了解考生是否了解治国之道，凡考试成绩优秀者即被任用，拙劣者即被罢免。在开元四年的考试中，一次就斥退45人。为了革新吏治，他还多次颁布"诫牧宰敕"、"整饬吏治诏"、"劝奖县令诏"，并定期派按察使到各地巡视，观察得失。他还针对武后之后官员冗滥的弊端，一举裁汰官员数千人，精简机构，节省了费用。

唐玄宗把励行法制、赏罚严明作为改善吏治的根本措施。他认为："有善必赏，所以劝能；有罪必罚，所以惩恶。"开元二十四年以前，基本上贯彻了这一精神，例如同州刺史姜师度，组织民众修通灵陂，扩展水田20万亩，唐玄宗通令嘉奖，赐帛300匹，特加封金紫光禄大夫。对那些贪脏赃法之徒，不论职位高低，都依法制裁。如刺史裴景先，私自聚敛5000匹绢，玄宗亲自下诏，将其处死。所以，开元时期吏治还是清明的。

均田制至玄宗时，已开始动摇，土地兼并之风日甚。唐玄宗颁布了详尽的均田令，重申永业田也不得典卖，限制官僚、贵族、豪强侵占民田，对侵暴百姓、强占民田者绳之以法，这多少刹住了兼并之风。唐玄宗又实行括户，清查出贵族官僚地主隐瞒的人口和劳动力，使之成为均田农民。

唐玄宗还十分重视兴修水利，他在位期间，全国共兴建了50多项较大的水利工程。在灾歉之年，他还注意赈给救济，减免税粮。尽管这些是治标不治本的权宜之策，但也缓和了阶级矛盾，有利于社会生产的发展。

宫廷生活中，在开元年间，唐玄宗也能节俭自励。此外，唐玄宗在文化教育上也有建树。他成立了我国古代戏曲学校和皇家戏班"梨园"，命天文学家僧一行测量子午线和编制历法，组织学者整理古代图书等。

开元时期，唐玄宗在文治上成绩斐然，武功上也赫赫可铭。面对武后末年以来边疆的紧张局势，他积极训兵整武、屯田积谷，大大提高了军队战斗力。开元三年（715年）重建安北都护府、漠北诸部，如拔也古、同罗、回纥等都通使称臣。开元五年（717年）唐军收复了沦陷已久的营州等12州，重建营州都督府，奚、契丹一时归服。开元二十七年（739年），收复了武后末年沦陷的西域重镇碎叶，丝绸之路畅通。对周边少数民族首领，他用册封的手段加以笼络。如册封回纥首领骨力裴罗为怀仁可汗，册封粟末靺鞨首领大祚荣为渤海都督府都督、加封渤海郡王，封南诏首领皮罗阁为云南王，加强了民族融合，促进了我国多民族封建国家的发展。

开元年间君臣的文治武功，促成了比较稳定的政治局面，劳动人民得以安心从事生产，封建经济高度繁荣。史籍记载："开元天宝之中，耕者益力，四海之内，高山绝壑，耒耜皆满。""诗圣"杜甫也热情讴歌这时社会经济的繁荣："忆昔开元全盛日，小邑犹藏万家室，稻米流脂粟米白，公私仓廪俱

开元盛世群雕

丰实。"据记载，当时天下一斗谷物之价，多则一二十文，少则数文；绢一匹200余文；全国各地驿道四通八达，商旅往来络绎不绝。在太宗、武后治理的基础上，经过开元年间玄宗君臣的治理和劳动人民的辛勤劳动，封建经济呈现出高度繁荣。这就是旧史学家们津津乐道的"开元盛世"。

唐玄宗在位时间很长，到天宝元年（742年），已做了30年皇帝。他年龄大了，志得意满，只想纵情声色，政治上开始走下坡路。

以前，他对大臣的直谏，"虽不合意，亦曲从之"。现在，他再听不进逆耳忠言了。宰相张九龄遇事力争，玄宗蛮横地说："事情都得照你说的去办才行吗？"开元二十四年（736年），张九龄被罢相，李林甫做中书令。李林甫被重用，靠的是迎合玄宗的心意。他收买宦官、嫔妃，打听玄宗动静，所以能了解他的心意。一个罢相，一个上台，从此，"容身保位，无复直言"的风气统治了朝廷。

李林甫警告谏官不要议论朝政。有个谏官没听，仍然上书论事，第二天，便被降级外调。朝廷官员中不依附他的，有点才能的，多遭阴谋陷害。因此，人们说他"口有蜜，腹有剑"。天宝六年（747年）玄宗命各地举荐人才，李林甫主持考试，一个不取。事后上表玄宗，说："天子圣明，野无遗贤。"就是这样一个奸佞小人，唐玄宗让他为相十几年，直到他死去。

唐玄宗原先宠爱武惠妃。武惠妃逝去，他很伤心。后宫数千人，无一人中意。有人告诉他，他的儿媳寿王妃杨玉环异常美丽。他看后十分满意，便指使杨玉环以修道为名，从寿王身边离去，进入道宫，做了女道士，道号"太真"，然后唐玄宗再把这位"道姑"悄悄接到宫中。天宝四年（745年）册立杨玉环为贵妃。

唐玄宗是一个多才多艺，"尤知音律的君主"，而杨玉环又"资质丰艳"、"善容止"，善歌舞、通音律，并善解人意，所以玄宗"三千宠爱集一身"。贵妃要洗温泉澡，玄宗给修了华清池；贵妃喜欢吃鲜荔枝，玄宗就命岭南驰驿传递。贵妃得宠，杨氏兄妹均飞黄腾达。她的三个姐妹均被封为国夫人，其堂弟杨国忠是个无赖，目不识丁，却继李林甫为宰相。他兼领40余职，因善于搜刮，得到玄宗宠爱。他家中存的高级丝织品竟有3000万匹，生活极为腐化。杨国忠讲："想来我也不会有什么好名声，还不如快快活活过几天。"

唐朝从高宗以来，边疆一直有重兵屯戍。到玄宗统治前期，为了加强边境防御，又在边境重要地区增设军镇。军镇管辖几个州，主将叫节度使。节度使起初只管军事，后来兼管行政和财政，权力很大。天宝初年，边境的10个节度使共拥兵49万，而唐中央禁军不过12万，而且缺乏训练，形成内轻外重的局面。

那时候，一身兼任平卢、范阳、河东三镇节度使的安禄山，拥兵15万，势力雄厚。安禄山的父亲是西域人，母亲是突厥人。他几次入长安，朝见唐玄宗，用贡献财物和献媚等取得唐玄宗的信任。他身材肥胖，肚子滚圆，玄宗开玩笑说："此儿腹中有何东西，大到这个地步。"禄山回答："只有忠于陛下的一颗赤心。"玄宗听了十分高兴。安禄山又拜杨玉环为干娘，玄宗更把他当成自己人。

安禄山看到唐朝政治腐败，内地兵力空虚，认为有机可乘，阴谋叛乱，夺取唐朝天下。他在暗中招兵买马，屯积粮草，准备反叛。他用胡将代替汉将，并用汉族一些失意文人为他策划。

天宝十四年（755年）冬，安禄山带领15万军队，以讨杨国忠为名，从范阳起兵，很快攻陷了河北，占领东都。安禄山自称大燕皇帝，又过了几个月，叛军击溃了唐朝的潼关守军20万人，继续西进。

潼关失守，长安顿时乱作一团。唐玄宗带领皇族亲贵、官僚，仓皇向四川逃窜。行至马嵬驿，将士鼓噪不前，杀死祸国殃民的杨国忠，并要求惩办杨贵妃。玄宗无可奈何，派人缢杀杨贵妃，继续向四川逃奔。

公元756年，其子李亨即位，唐玄宗被尊为太上皇，762年，玄宗病逝。

知识链接

大明宫

大明宫是唐长安城三座主要宫殿中规模最大的一座，始建于贞观八年（634年），原为唐太宗为其父李渊修建的夏宫永安宫。贞观九年（635年）李渊去世后，改称为大明宫，又称"东内"。自唐高宗起，唐朝的帝王们大都在这里居住和处理朝政，作为国家的统治中心，历时达200余年。

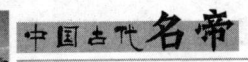

> 大明宫在郭城的东北处，南接都城之北，西接宫城的东北隅，占据龙首原的高地之上。据考古实测，大明宫周长7628米，面积3.3平方千米，平面形制是一南宽北窄的楔形。它西墙长2256米，北墙长1135米，南墙为郭城北墙东部的一段，长1674米，东墙的北部偏西12°多，由东墙东北角起向南（偏东）1260米，转向正东，再304米，又折向正南长1050米，与宫城南墙相接。它是唐长安城规模最大的一处宫殿区。
>
> 大明宫

第三节 五代十国名帝

后梁太祖朱全忠

朱全忠，原名朱温，宋州砀山县（今安徽砀山县）人。他出生于一个破落的小地主家庭。他的父亲朱诚早死，家产荡尽，朱温便随母到萧县地主刘崇家为牧猪佣工。他听说黄巢聚众起义，就前往投军。朱温平日狡猾凶悍，但却善于巴结迎合人意。他随军转战南北，立过战功，逐步由士兵提为大将。黄巢攻下长安，任朱温为同州（今陕西大荔）防御史，令其进取河中。朱温出兵，多次被河中节度史战败。他见农民起义军处境困难，又与黄巢的心腹大将孟楷不和，就叛变归唐，成为农民起义军的死敌。

唐朝廷对朱温的叛降十分重视，立即授以右金吾卫大将军官衔，又任命他为河中行营招讨副使。僖宗因恶其"温"字，遂赐名为全忠。中和三年（883年）四月，僖宗招集诸路大兵围攻长安，朱全忠立了战功，被提升为宣武节度使。僖宗诏令他攻下长安后，立即率部队赶赴汴州（今河南开封），堵截黄巢东退的去路。第二年，黄巢久攻陈州不下，撤围向东，转攻汴州。朱全忠自知抵挡不住，就乞求河东节度使李克用援助。李克用早有扩张地盘的野心，便亲率大军赴汴州援助。在李克用的援助下，朱全忠击败黄巢。但朱全忠并不感谢李克用，相反还妒忌李克用强盛。他表面卑躬屈节，背地里却暗藏杀机。中和四年（884年）五月，李克用追击黄巢还汴州时，心怀歹意的朱全忠马上请他进城赴宴。李克用盛气凌人，乘酒醉出言不逊。朱全忠气愤难忍，乘机提前下手。当天晚上，朱全忠用车辆堵塞道路，围攻上源驿，企图杀害李克用。李克用在大醉中被左右亲信唤

李克用墓

醒，在侍卫们的拼力保护下，仓皇出逃。其属下河东监军、宦官陈景思和亲兵300多人，全部被朱全忠杀害。从此，晋、汴两方形成水火之势，李、朱两家结下了不解之仇。

朱全忠控制河北以后，河东李克用伺机反扑。唐天祐三年（906年），当朱全忠准备拔除刘仁恭（幽州节度史）之子刘守文盘踞的沧州时，李克用决定来一个出其不意，强攻潞州（今山西长治）。这一着果然奏效，晋军包围潞州，唐军守将丁会投降，潞州随之陷落。朱全忠闻报，急忙从沧州撤军，去夺潞州，并在潞州城下筑重城，称为夹寨。

公元907年4月，朱全忠废唐昭宣帝，建国后梁，自称帝，这就是梁太祖。李克用占领潞州后，乘其不备，用周德威的轻骑兵包抄梁军粮道，攻打夹寨，后梁军统帅李思安束手无策。第二年三月，晋王李克用去世。他的儿子李存勖继位。李存勖认为潞州是河东的屏障，没有潞州对河东是不利的。他巧施妙计，指挥晋军包围了潞州的梁军。李存勖的战术使朱全忠大为震惊，他深有感慨地说："生子当如李亚子（存勖小名），我的儿子只如豚犬而已。"潞州解围，河东威振，镇州（今河北正定）王镕、定州王处直叛梁附晋。后梁太祖朱全忠为了力争保护河北，竟悍然下令："镇州就是以铁为城，也要给我拿下来！"于是在公元910年12月，朱全忠以王景仁为帅，进军柏乡（今河北柏乡），与晋军会战。王景仁原名茂章，先从杨行密，后归朱全忠。他早年曾率淮南兵和汴军作战，指挥部队，气定神闲。朱全忠大为佩服，曾说："假使我得此人为将，天下不难平也！"但是柏乡一战从岁末到新正，王景仁竟大败而归。这一仗使后梁损失严重，仅被晋军所斩获的首级就有两万之多。柏乡之战，使后梁丧失了对河北的控制权。朱全忠一怒之下，剥夺了他的兵权。李存勖乘胜攻燕，朱全忠不甘心柏乡之败，亲率大军攻镇州的枣强，把全城人杀光，以报柏乡之仇。但两次战争的失利，也使朱全忠和各级将士对晋军产生了恐怖心理。据传，朱全忠一听说"晋王大军到了"就望风而逃。朱全忠逃到冀州，因当地人民痛恨梁军，见了他们，都拿锄头追杀。梁军当是追兵，心里越怕，跑得越快。最后，等朱全忠明白过来的时候，队伍已经完全瓦解，再也无法收拾。

朱全忠在政治上极其残暴。他在攻打沧州时，为防止军士逃亡，把境内能够拿兵器打仗的人全部赶上战场，脸上刺"定霸都"三字；对士人稍留面子，也要在手腕上刺"一心事主"四字；为此逃兵不敢回乡，便在山岭湖泊中集结起来，组成许多支小股的起义军。朱全忠对李存勖作战屡次失败，脾气更加暴戾，动辄杀人。他检阅军队时，发现哪个队的马瘦，就把将校拉出来腰斩。到了晚年，由于他猜忌部属，疑虑万端，造成众叛亲离，心情十分苦闷颓丧。为了发泄胸中的积郁，他恣意虐杀，纵情淫乱，其荒暴程度，即便在封建帝王中，也是罕见的。河南尹魏王张全义，努力恢复洛阳地区的农业生产，使朱全忠有了经济资助，得以稳定河南。后来朱全忠巡视河南时，住在张全义的家里，放肆行淫，把张全义的几个儿媳妇和女儿全部奸污。张全义的儿子们不忍受辱，准备动手杀掉朱全忠，后被其父苦苦劝住。更为严重的是，朱全忠对自己的儿媳们也不肯放过，分别"召侍"，逐个通奸，公开淫乱，与禽兽无异。他的这些亲儿、养子也都毫无廉耻，竟然抢着利用自己的妻子争宠，以博得欢心，探听机密，争夺储位，可谓旷古丑闻。如他的养子朱友文之妻王氏，生得貌似梨花，妩媚动人，为朱全忠所垂涎。他在洛阳生病期间，借口陪护为名，把其召至身边。王氏不仅没有推辞，反而曲意奉承，任他玩弄。当时，王氏只要一个交换条件，这就是要朱全忠将来把皇位传给其养子。乾化二年（912年）六月，朱全忠病势垂危，准备把皇位传给朱友文，并想把亲生儿子朱友珪贬为莱州刺史。朱友珪从妻子张氏口中得到消息后，恼恨万分，于是，便买通禁军将校，在夜静更深时，带兵入宫，杀死朱全忠。

后唐庄宗李存勖

唐僖宗光启元年（885年），晋王李克用终于有了后嗣，这个后嗣就是李存勖。为了磨炼李存勖，李克用在他11岁的时候就带他奔赴沙场，让他多见见刀光剑影。在父亲的精心培养下，李存勖越来越优秀。他既精通骑射，又谙熟《春秋》，称得上文武双全。

后梁开平二年（908年），年过半百的李克用与仇人朱温已经相持了好几个年头，始终不能打败朱温，遂积劳成疾，再加上听到朱温称帝的消息，受到了沉重打击，不久便离开人世。李克用死后，李存勖承袭了晋王的封号。

后梁开平四年（910年），王镕和王处直在李存勖的拉拢下背叛后梁。面对随之而来的朱温大军的讨伐，他们向李存勖求援。李存勖一声令下，晋军立即前去增援。晋军诸将领率领将士奋力拼杀，于911年春在柏乡大败朱温大军，保住了镇州和定州。

收服王镕和王处直后，李存勖的下一个目标是刘守光。刘守光与他的父亲刘仁恭一样，同样是个卑鄙小人。他将父亲刘仁恭囚禁后自任卢龙节度使，并一心想吞掉镇、定二州。见李存勖得到这两个州后，刘守光大为愤怒，遂与李存勖展开了争夺战。朱温得到刘守光的求援讯息后卷土重来，意欲灭掉李存勖。后梁军将士还没有从年初的大败中恢复过来又投入了战斗，再加上朱温在行军途中滥杀文官武将，遂军心涣散。面对士气旺盛的晋军，后梁军节节败退。朱温无心恋战，慌忙逃命。残暴嗜杀的朱温早已经成为河北百姓的眼中钉、肉中刺，这些百姓见后梁兵败，纷纷拿起农具袭击溃散的后梁军。朱温逃回都城后，于912年便被争夺皇位的亲生儿子朱友珪杀掉。

李存勖两战皆取得大胜，威望和实力立即得到了很大的提高。不过，李存勖并没有志得意满，而是乘后梁军衰弱之际灭掉了刘守光，随后占领了幽州、沧州。

朱友珪做了不到一年的皇帝，就被朱友贞篡权。朱友贞做了皇帝后，在赵岩的建议下将魏博镇（今河北大名县）拆分，引起当地将士的不满。李存勖见有机可乘，立即率兵平定了魏博镇。

此后，李存勖的实力可以与后梁抗衡了。不过，后梁国主朱友贞虽然昏庸无能，但后梁军中却有几个善战的将领，再加上要抗击南下的契丹人，以至于李存勖与后梁打起了持久战。

公元923年，李存勖在与后梁的数年征战中终于占据了绝对优势，于是建国称帝，设国号为"大唐"（史称后唐），建元同光，国都为魏州（今河北大名县东），后改名为邺都。

称帝后，李存勖举大兵攻打后梁。此时的后梁气数已尽，几个月后被李存勖灭掉。随后，后梁各地的残余势力纷纷来降。李存勖安抚好各地后，将国都迁至洛阳。称帝后的李存勖与领兵作战时的他判若两人，日益变得昏庸无度。李存勖放着忠臣良将不用，偏偏要用祸国殃民的小人。小人当道，社会风气日益败坏，百姓本以为灭掉了腐败的后梁后可以安居乐业，可谁知一波未平，一波又起。

后梁太祖朱温在位时，已经看到了宦官的危害，索性把朝中宦官统统除

第四章 隋唐五代时期的名帝

掉。不过，宦官中也有正直之人，如放弃晋王位的张承业。也许是因为张承业的出色改变了他对宦官的看法，遂大量任用宦官。为了加强中央集权，李存勖将宦官视为心腹，派他们前往各地驻军担任监军。殊不知，物极必反，凡事都要适可而止，否则只会犯下以偏概全的错误，导致最后空有遗憾。

另外，由于对音律的喜爱，伶人自然成为李存勖宠信的对象。他不仅爱看伶人演戏，而且还与伶人同台演出，与伶人相处得非常融洽。伶人们有了皇帝做后台，在朝中显得极为尊贵。他们春风得意，在皇宫内外进出自如，根本不把朝中大臣放在眼里。李存勖做了皇帝后，经常外出狩猎，随便践踏百姓的庄稼，百姓们敢怒不敢言。

尽管伶人、宦官中还有些许有良知的人，但毕竟是少数。不过，此时的李存勖已经被谗言迷惑，只顾吃喝玩乐，将治理国家视同儿戏。不仅皇帝昏庸，而且皇后也没有母仪天下的风范。在他们的治理下，百姓被各种苛捐杂税压得喘不过气，随李存勖打江山的一些功臣也纷纷落得个"狡兔死，走狗烹"的下场。

在百姓生灵涂炭、将士辛劳作战的情境下，皇帝、皇后、宦官、伶人等却在作威作福，滥杀无辜。在黑暗中待久了的人，迫不及待地要重见天日，于是有人举起了反旗。当时，攻打四川的将领见郭崇韬、朱友谦先后被杀，按捺不住愤怒，遂起兵造反，为后唐敲响了丧钟。

李存勖见四川出现混乱，立即派兵镇压。不料，戍守期已满的魏博镇士兵在回乡途中接到驻守命令后大为不满，遂发生哗变，攻陷邺都。李存勖见远处的四川未平，近处的邺都又生乱，只有继续派兵前去镇压，结果不敌魏博军。李存勖见朝中已无可用之人，此时才想起战功赫赫、忠心耿耿但被他弃置一旁的李嗣源。他将侍卫军交由李嗣源，不料他的做法如同放狗去寻找丢失的羊，结果既丢了羊，又丢了狗。

侍卫军指挥使郭从谦此时与李存勖并不同心，因为他的养父睦王李存义和被他视为叔父的郭崇韬两人皆被李存勖杀害，他发誓要为他们复仇。后来，他在与李存勖交谈时感觉到李存勖知道他的心思，顿时惶恐不安，于是在侍卫军内散布谣言，鼓动他们造反。就在这时，李存勖令侍卫军出征，使得郭从谦有了更有利的反击机会。李嗣源到了邺都后，被部众拥立为皇帝，遂顺应民心，召集军队攻打李存勖。

李存勖见危机四起，顿时手忙脚乱。为了压制李嗣源，他亲率军队出征。

为了鼓舞士气，他被迫"取之于民，用之于民"，将盘剥百姓得到的钱财分发给将士。将士们看着这些赏赐，愤慨道："吾妻子已殍矣，用此奚为！"军心如此动荡，如何能高唱凯歌？作战中，将士要么投降，要么逃跑，李存勖只得退回洛阳。郭从谦见时机已到，立即发动兵变李存勖在混战中被流矢射伤，不久死去，终年42岁。

后晋高祖石敬瑭

石敬瑭生于公元892年，太原沙陀族人。年轻时就喜欢读兵书，对战事颇有见解。他寡言少语，性格稳重，做事认真细致。早年就在李克用义子李嗣源手下做事，在这期间，他数次解救李嗣源于危急之中，从而得到器重，逐渐成为李嗣源之心腹。李嗣源遂把女儿永宁公主嫁给他，并让他统率"左射军"的亲兵。

身处战乱时代，唯武功可以成就功名，石敬瑭很早就认识到了这一点。当时正值后梁朱温与李克用、李存勖父子争雄，石敬瑭冲锋陷阵，勇敢作战，在兵将里很有些名气。

尤其是在公元915年他舍身救主。那时李存勖刚得魏州，梁将刘寻也将攻打清平（今山东清县），作为反击，李存勖急往驰援，却被刘寻所困。这时石敬瑭大显身手，仅仅带了十几个人就击败了刘寻，救李存勖于危难之中。由此声威大振，在军中名噪一时。不过这李存勖还真够小气的，当了皇帝也没说提携一下对他舍身相救的人，还有那些与他出生入死的将领，所以将士们多不满意他的作为。

公元926年，效节指挥使赵在礼于魏州领兵叛乱。李存勖命李嗣源率军平叛，石敬瑭则一同出征。在魏州城下，李嗣源的部队也发生兵变，与魏州的叛军合兵一处，拥李嗣源为主。李嗣源本想回朝请罪，不想当这个皇帝，士兵们很是失望。

为了表示自己并没有谋反之意，李嗣源还几次上表申诉，不过都被权臣压下。正在进退两难的时候石敬瑭则劝他说："如今你和叛军共处一城而相安无事，即便你没有想过要谋反，但朝廷会相信你吗？如果你要不答应的话，这儿的叛军还能让你回去吗？成大事就不能犹豫，不如我们夺取开封，以成就大事。"

李嗣源想来想去，最后接受了这个意见。石敬瑭当然知道，这个行动成功后，对自己意味着什么。于是他自告奋勇，亲自带领前锋抢占开封，又回兵渡汜水，直取洛阳。这一战他们大获全胜，后唐庄宗李存勖也为乱兵所杀。

李嗣源顺利在洛阳称帝，即后唐明宗。由于女婿石敬瑭在这次军事政变中立功颇大，后唐明宗任他为保义军节度使，赐号"竭忠建策兴复功臣"兼六军诸卫副使。石敬瑭虽然也算是皇亲国戚，并且还是凭借自己的能力得到了认同，按理说，他应该有些骄傲的资本。但石敬瑭还真的很本分，既不以权为威，又很平易近人。

而且当时许多官将都视律法为无物，而石敬瑭则以廉政闻名，颇受明宗李嗣源褒奖。此后，石敬瑭逐年升迁，历任侍卫亲军马步都指挥使，河东节度使，大同、彰国、振武、威塞等军藩汉马步军总管等职，负责抵御契丹南下，后又赐封为"耀忠匡定保节功臣"。随着职务和势力的增长，石敬瑭的野心也开始日渐膨胀，他也开始暗中拥兵自重，大有取后唐而自立之势。

公元933年，明宗李嗣源死，优柔寡断的李从厚继位为后唐闵帝。李从厚很想做出点业绩来，但无奈性格使然，就连朝政也被拥立他的权臣控制，军权更是由当时凤翔节度使李从珂（李嗣源的养子）和河东节度使石敬瑭控制。

后唐闵帝为了削弱他们的势力，想让他们将职位对调。李从珂当下在凤翔起兵反叛，闵帝当然不是对手，仅率不多人马逃跑。路遇石敬瑭，本来闵帝还以为遇到了救星，却不料石敬瑭杀其随从并将闵帝扔在那，扬长而去。

李从珂杀唐闵帝后，自立为皇帝，即后唐末帝。这时的石敬瑭谋反之心则越来越明显。二人矛盾呈一触即发之势。为试探后唐末帝，早有预谋的石敬瑭于公元936年四月，以身体赢弱为由乞解兵权，调往他镇。

唐末帝不知是计，当下首肯，徙其为天平节度使。石敬瑭认为这末帝实在是将他疑为心腹之患，如果放了兵权，自己的杀身之祸就在眼前，于是决意谋反。石敬瑭上表指责后唐末帝是明宗养子，不应承祀，要求让位予许王（明宗四子）。后唐末帝当下气愤已极，撕裂其表，削其官爵，并以建雄节度使张敬达为太原四面招讨使，将兵3万筑长围以攻太原。

石敬瑭也在太原做着准备工作，他一面在朝廷内部组织策反活动，一面由掌书记桑维翰起草奏章，向契丹求援：请称臣，以父事契丹，约事捷之后，

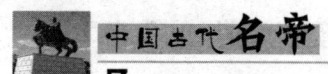

割卢龙一道及雁门关以北诸州予契丹。从这一点上，可以看出其着急称帝之决心。就连其亲信刘知远也表示反对说：称臣可矣，以父事之太过，厚以金帛赂之，自足致兵，不必许其土田，恐异日大为中国之患，悔之无及。可是石敬瑭这时候哪顾得了那些。契丹主耶律德光当然同意这么优厚的条件，派兵支援。后唐在联合攻击下迅速灭亡，末帝也登楼放火自杀身亡。

公元936年农历十一月，契丹主作册书封石敬瑭为大晋皇帝，即后晋。石敬瑭称帝后，很守"信用"，割燕云十六州给契丹，承诺每年给契丹布帛30万匹。他这一许诺不要紧，却把中原完全暴露在契丹铁蹄之下。

以后燕云十六州成为辽南下掠夺中原的基地，使北方社会经济遭到严重破坏，贻害长达400年。这就是一个想做皇帝的人之危害，为了那一点权力，却将国家社稷拿出来做了筹码！

公元937年，后晋迁都汴梁，第二年，升汴梁为东京开封府。后晋那时虽得了天下，但藩镇多未服从，战事不断。府库空虚，民间贫穷，但契丹仍贪求无厌。

为解决财政危机、巩固政权，石敬瑭不得不采纳了桑维翰的建议，先是安抚藩镇；再是务农桑，缓解多年战乱造成的贫困；还恢复了商业往来，以增强国力。但是这些并没有起到根本的作用，因为他每年还要送大量的贡奉给契丹。

石敬瑭对于契丹百依百顺，每次书信皆用表，以此表示君臣有别，称比他小11岁的契丹主为"父皇帝"，自称"臣"，为"儿皇帝"。见了契丹皇帝居然还泪眼婆娑，可见此人脸皮之厚，可能无出其右者。每当契丹使臣至，便拜受诏敕，除岁输30万布帛外，每逢吉凶庆吊之事便不时赠送好奇之物，使通往契丹路上常年穿梭着运送给契丹的钱财物。可能是他在契丹那承受了太多的委屈，于是将这种怨恨转嫁到了百姓身上。他凶恶狠毒，用刑十分残酷，并善于好猜忌，不喜士人，专任宦官，由是宦官大盛。由于吏治腐败，朝纲紊乱，以致民怨四起。游牧在雁门以北的吐谷浑部，因不愿降服契丹，酋长白承福带人逃到了河东，归刘知远。公元942年，契丹遣使来问吐谷浑之事，石敬瑭无以为答。他是既不敢得罪手握重兵的刘知远，也不敢得罪"父皇帝"。这样的日子恐不好过，于是他忧郁成疾，当年六月在屈辱中死去，时年51岁。

后汉高祖刘知远

后汉高祖，名刘知远，生于唐昭宗乾宁二年（895年），从小为人沉稳庄重，不好嬉戏。到了青少年时期，正值李克用、李存勖父子割据太原，刘知远就在李克用的养子李嗣源（后来的后唐明宗）部下当了一名军卒。当时，石敬瑭为李嗣源爱将，在战斗中，刘知远两次不顾自己的生死安危，救护石敬瑭于危难中。石敬瑭对他感激之至，以其护驾有功，将他调到自己的帐下，做了一名牙门都校，不久升任马步军都指挥使。

后唐清泰三年（936年），石敬瑭在刘知远等人谋划下，在开封称帝，建立了后晋，史称后晋高祖。作为谋划石敬瑭称帝的功臣，刘知远得到应有的报酬，除了很多的赏赐外，石敬瑭还先后任命他检校司空、侍卫马步都指挥使、点检随驾六军诸卫事、许州节度使、朱州节度使、检校太傅、北京（今太原）留守、河东节度使等职，享尽了荣华富贵。

后晋天福七年（942年）当了七年儿皇帝的石敬瑭得病死去。养子石重贵即位，由于是石敬瑭手下的红人，石重贵随即加封刘知远检校太师，进位中书令。后晋开运元年（944年），契丹主耶律德光率军南下，石重贵任命刘知远为幽州道行营招讨使，迎战契丹军。刘知远机智勇敢，指挥得当，很快在忻口大破契丹军，契丹军败回。

石重贵为此加封刘知远为太原王、北平王，但不久，契丹又来侵犯，刘知远在朔州阳武谷再次打败契丹。随着官职的不断提升，以及对契丹战斗的胜利，刘知远已不满足于当一个北平王，他意图称霸河东，成就王业。然而石敬瑭对他有知遇之恩，他不好意思立刻与石重贵反目，所以在朝廷的诏命他时半

后高祖刘知远

推半就，一方面不服调遣，作战中逗留不进，另一方面也偶尔主动出击一下，好让朝廷与契丹不致小看自己。

刘知远深知，契丹只不过是游牧部族，不会久居中原不退，只是掠夺些财物后就会主动离开，再加上中原人民的坚决抵抗，他们不会长久待下去。而石重贵就不同，他作为国家的皇帝，是不会轻易离开中原，因此也会成为他称帝的最大阻碍，所以刘知远一边在与契丹战斗的过程中了解地形，一边又与契丹勾结，奉表称臣，同时加大力度募集士卒，养精蓄锐，加紧称帝的准备。

后晋开运三年（946年），耶律德光率契丹军大举进兵，攻入开封，石重贵投降，后晋灭亡。刘知远认为时机成熟，于后晋开运四年（947年）在太原称帝，建立了后汉政权。为了掩饰其政治企图，他不改国号，而是延用石敬瑭的年号，为了能够笼络人心，争取后晋旧臣的投诚，他下诏禁止为契丹括钱帛；并慰劳保卫地方和武装抗辽的民众；将诸道的契丹人一律处死等等。当契丹在中原人民抗击下退出后，刘知远乘机进入开封并建都，改名字为暠，改天福二年（937年）为乾祐元年，史称高祖。

他即位后，减免赋税，大赦天下，果断采纳了皇后李氏的建议，拿出宫中所有财物赏赐将士，还任用贤能，再加上治军严明，很快使经济恢复了过来。但由于操劳过度，再加上不断战争，刘知远在位不满一年，便于乾祐元年（948年）去世了，享年54岁。

后周世宗柴荣

周世宗柴荣出生于公元921年，公元954年即位，至公元959年卒，终年39岁，在位6年，未改元，仍用显德年号。

周世宗柴荣是五代时期一个很有作为的皇帝。

周世宗原姓柴，字荣，邢州人。他的父亲柴守礼是个破落地主，其姑母早年嫁给了同乡郭威。因郭威没有儿子，便收养了柴荣。当时郭威尚未发迹，家道沦落，柴荣便和姑母一起操持家务，共度清贫。劳动之余，柴荣刻苦练习骑马射箭，阅读各种史书典籍。郭威看他聪明伶俐，为人敦厚，就认他为干儿子，不久，柴荣随郭威入伍，开始了戎马生涯。天福十二年（947年）四月，26岁的柴荣被提升为左监门大将军；广顺元年（951年）正月，郭威称帝后，柴荣被任命为澶州节度使、校检太保，并封为太原郡侯；不久，柴荣被调到京师，加封检校太傅、同平章事（相当于中书令、宰相之职），参与朝政；第二年三月，柴荣任开封府尹，进封为晋王。后来，郭威病死，柴荣登基，是为后周世宗。

周世宗精明强干，志气宏大。他在即位后，为了解决政府的赋税收入和进行统一战争，继承郭威的遗愿，继续进行了一系列改革，在政治、军事和经济上都取得了重要成绩。

由于后梁君臣在战争时期用决黄河之堤作为阻敌手段后，黄河决堤成灾的次数越来越多。后周世宗柴荣即位的头一年，便派大臣李穀到澶、郓、齐一带，征发6万民工堵塞决口，仅1个月，就全部完工。事隔6年，黄河又在原武（今河南原阳）决口，周世宗又派大臣吴千祚，征发2万民工前往修堤塞口。这些工程虽不能彻底解决问题，但毕竟减少了灾害。柴荣在五代时期，是唯一能够认真修治黄河的皇帝。

显德四年（957年）四月，世宗下诏疏浚汴水，向北流入五丈河（今开封北）；2年后，又下令进一步疏通。黄河和淮河之间的交通线，本是唐朝廷取得南北财富的生命线。南北分裂以后，这条航线完全淤塞。周世宗柴荣从显德二年起，便命宁武节度使武行德，初步加以疏通；显德五年，又疏浚汴沟通黄淮之间的全部航线；2年后，又在汴梁城外，引汴水通蔡水，沟通了京城与陈（今河南淮阳）、颍（今安徽阜阳）之间的水道交通。这是在汴水以西，大体上与汴水平行的一条道。后来，北宋每年从东南运进大批粮食，靠的就是世宗时期开辟的这条水上通道。

世宗即位后，为了治理天下，很重视整顿朝中政纪。他除了任用李穀、王溥、范质等人做宰相，魏仁浦为枢密使外，汲取太祖纵容王峻、王殷专权的教训，决定大权独揽，亲裁政事，执掌赏罚。他对大臣们说："我决不能因发怒就刑人，也不能因高兴就赏人。"实践中，他也是这样做的。群臣有了功劳，他不吝啬重赏；有了过失，按规定处罚；即使很有才干、很有声誉的官吏，只要犯了罪，他都要依法办事。

世宗期间，对法律也进行了重新修治。五代律令文字难懂，条目繁杂，多达156卷，贪官污吏借以舞文弄墨，愚弄民众。公元957年（显德四年）五月，周世宗下令，由御史张湜等注释删节，由王溥、范质等把关审定，重治法律。经过删繁就简，制定出《刑统》二十一卷，第二年，颁布《大周刑统》，使全国有了统一遵守的法令。以后宋代一直沿用后周的《刑统》，这是继承唐律之后的又一部重要律书。

周世宗在大权独揽的同时，也很注意纳谏，要求群臣极言得失。他说："一个人不可能没有过失。古代的圣主，还总想听逆耳之言，求苦口良药，何况我呢？我即位已有一年，处理政事，我觉得有些不一定恰当，别人怎么能看不出来呢？可是竟没有一个人出来指点我的过失，这是为什么呢？对我的过错，你们说了，我不听取是我的不对，你们不说，就是你们的不对。今后，能秉公直言的提升，临事畏缩的贬职。"接着，他又命近臣写出《为君难为臣不易论》及《开边策》各一篇。多谋善断的北部郎中王朴在上书中慷慨陈词，详尽分析了当时的形势，提出了必须任用贤才、奖功罚罪、去奢节约、实施薄敛，才能达到政事清明、粮财充盈、士民归顺，然后方能统一天下的方针。周世宗听了高兴地接受了，马上升王朴为左议谏大夫、知开封府事，但对那些不法赃官则严惩不贷。五代战争频繁、流民遍地。周世宗注意安置难民，分发口粮，分配荒地，这对于农业生产的恢复和发展起了积极的作用。他即位的第二年，就颁布了处理逃亡户土地的法令，允许农民申请耕种无主的土地，缴纳田租；根据逃亡户主返回时间的长短发还不同数量的土地。他还规定，逃亡户主凡3年以内回来的，可以收回土地的二分之一；5年以内回来的，可以收回三分之一；5年以上回来的，除坟地外，一律不能收回。规定中，还对因被契丹掳去而离开土地的农民，放宽了收回土地的年限：5年内回来的，可以收回三分之二；10年内回来的，可以收回一半；15年内回来的，可以收回三分之一。

此外，在税制方面，周世宗也有改进。为实现耕地和租税的统一，公元958年，他根据唐代元稹的《均田表》，令人制"均田图"，颁发各州县，均定田租。这些不但增加了国家财政收入，而且打击了豪强，使百姓得到休养生息。

针对当时佛教盛行，占用劳动力和耕地，花费大量铜钱制造佛像，以致影响农业生产发展的情况，周世宗于公元955年五月，下令在全国禁佛。他规定：凡出家的人必须经家长同意，不能私自出家当僧尼；除在官府注册寺院的僧尼外，其他一律还俗。这一年，先后共废除寺院30336所，还俗僧尼无以数计。周世宗还下令寺院，除钟磬钹铎之类留用外，所有铜佛像，一律送官府收买，用作铸钱原料。显德元年（954年）二月，北汉主刘崇乘世宗新立,勾结辽国,大举入侵。当时辽国出骑兵1万多人,北汉出兵3万多人,联合向潞州进攻。这是决定后周生死存亡的战争,周世宗决心率兵亲征。皇帝这一举动受到许多朝臣的反对,其中反对最突出的是宰相冯道。冯道原是五代时期一个不倒翁式的大官僚,世宗当时对他说:"北汉主刘崇看我年轻新立,想吞并天下,我一定要亲自出征,不可不去迎敌。"他又说:"从前唐太宗创业,多次亲征,我怎敢偷安呢?"冯道带有轻蔑的口吻说:"不知道陛下能比唐太宗吗?"世宗怀有必胜的信心说:"此汉兵尽乌合之众,我兵力强大,破刘崇好比泰山压卵,怎么不会胜利?"冯道又冷冰冰地说:"陛下应平心自问:'你能做泰山吗?'"周世宗颇鄙视冯道的为人,未听其言,立即率兵出征。

同年三月,两军在高平(今山西高平)交战,这就是历史上的高平战役。

北汉军屯兵高平南,周军屯兵泽州(今山西晋城)东北。北汉主刘崇率领中军坐阵,派大将张元徽领左军在东,辽将杨衮为右翼在西,阵容严整。周军虽然人少将寡,但世宗柴荣却勇气百倍,态度坚定,大有一举灭敌之势。他命白重赞、李重进军在西,命樊爱能、何徽率右军屯东,命向训、史彦超率精骑在中央,周世宗本人则骑马上阵督战,派张永德率亲军护卫。刘崇见周军人少,很有轻敌之心。辽将杨衮提醒他说周军确是劲敌,不可忽视。刘崇却不高兴地说:"机会不可错过,请将军不可多言,看我破敌!"杨衮见他不识时务,很不满意,就此按兵不动,袖手旁观。

两军交战不久,周将樊爱能、何徽就溃败了,带着几千骑兵向南逃跑。世宗见形势危急,就亲自率军督战,亲军将领赵匡胤(就是未来的北宋太祖)见樊、何二将不战而逃,十分气恼,便和张永德各领2000人上阵冲杀。由于后周将士上下一条心,拼死决战,北汉军支持不住,大败而去,辽军也随之退回代州。

高平一战,不仅阻止了辽国再次蹂躏中原,并为以后进行统一大业的战争奠定了基础。

高平大捷,充分表现了周世宗临危不惧、力压强敌的卓越指挥才能,但这次战役险遭失败的教训,迫使周世宗下决心进行军队改革。

樊爱能、何徽等听到高平大捷的消息,厚着脸皮回到高平宿营。如何处理这两个望风而逃的败将军呢?开始周世宗感到樊、何二人对于先帝创业,都是有功之人,有点踌躇不决。张永德则建议说:"陛下要削平四海,如果军法不立，虽有熊罴之士，百万之众，又有什么用处呢？"周世宗接受了这个建议，立即把樊、何二人以及其他部将70余人全部斩首；同时，大赏有功将士。赵匡胤就是因这次战役有功，被提升为殿前都虞侯（地位次于副都指挥使）的。接着，周世宗就着手对军队进行改革。五代时的禁军，历代相承，不加淘汰，老弱众多，纪律松弛，不堪一击。周世宗曾对群臣说："凡兵务精不务多，今以农夫百未能甲士一，奈何朘（榨取）民之膏泽，养此无用之物乎！"于是，他大规模地裁去老弱，留用精兵；又招募天下壮士到京城，不问出身、来历，由赵匡胤考试武艺，择优录用，成立特种精兵，编入殿前诸班；其余骑兵、步兵，令各将帅自行精选。后周军士卒精强，征伐四方，所向皆捷，唐中期以来养冗兵的积弊为之一扫。

整编军队，进一步增强了周世宗统一天下的雄心大志。他希望自己能做皇帝30年，其中10年开拓天下，10年休养百姓，10年过太平日子。

显德二年（955年）四月，周世宗下令群臣讨论统一天下的大计。北部郎中王朴在《平边策》中，提出了"先易后难"的原则。根据王朴的建议，周世宗从这一年的十一月起，下诏攻取南唐。这是一场旷日持久的战争，前后共达2年零5个月之久。其间周世宗总结经验教训，采取了三项措施：其一是严明纪律，违者按军法处斩；其二是建立水军，利用降兵的水手，教练水战；其三是赦免淮南各州的囚犯和各种不合理的赋役。显德四年（957年）二月，世宗再次发动攻势，至三月中旬，周世宗在寿州城下大破南唐援军。同年十月，周世宗第三次亲自南下，用了近一年，占领了淮南的东部。南唐主李煜怕周军渡江，派使臣带金1000两，银10万两，罗绮2000匹去见世宗，愿献淮南寿、濠、泗、楚、光、海6州和江北4州土地，并表示向周称臣。周世宗本就无意长期占领江南，见唐投降，随即同意罢兵。在这场战争中，后周得淮南江北14州、60县，与南唐划长江为界。

在攻南唐的战争中，赵匡胤立有战功，晋升为殿前都指挥使。

显德六年（959年）四月，周世宗又亲自率兵北伐契丹。他令义武节度使孙行友守定州西山路，防止北汉救辽；令韩通为陆路都部署，令赵匡胤为水路都部署，世宗自乘龙舟，沿流北进。不久，宁州（今河北青县境）刺史王洪投降，益津关（今河北霸县）守将终廷辉、瓦桥关（今河北雄县南）辽莫州刺史刘楚信、瀛州刺史高彦晖等皆先后投降。在短短的42天中，周世宗兵不血刃便取得了燕南之地。这年五月，正当周世宗准备挥兵直取幽州的时候,却患了重病,只好停止前进,在瓦桥关设雄州(今北雄县)令陈思让把守;在益津关设霸州(今河北霸县),令韩令坤把守。周世宗自率大军南归大梁。同年六月,周世宗自知不起,布置后事,命魏仁浦以枢密使兼任宰相,命宰相王溥、范质兼枢密院事,又任侍卫亲军副都指挥使韩通兼任宰相,以赵匡胤为殿前都点检。六月十八日,周世宗去世。世宗死后,由他7岁的儿子、梁王宗训即位,这就是周恭帝。

知识链接

多愁善感的南唐国主李煜

公元961年,李煜即位。这时,北宋政权统一了北方。公元974年,赵匡胤宣谕出征江南,由曹彬挂帅,水陆并进,势如破竹。次年,北宋攻破南唐国都金陵,李煜率文武百官投降,全族上下300余口被押上宋军战舰。

公元976年正月,船队抵达汴京,李煜被封为光禄大夫,但因未能及时归顺,又被加了一个侮辱性的头衔——"违命侯"。此后,他被软禁起来,高楼深院,戒备森严,没有上谕,不准外出会客。

在万籁俱静、思绪纷乱的夜晚,李煜披衣走进庭院,望着西天的一钩残月,冷冷地照着人间,思潮起伏,往昔的岁月一齐涌上心头,令人感慨万千。他吟道:

无言独上西楼,月如钩。寂寞梧桐深院锁清秋。

剪不断,理还乱,是离愁。别是一番滋味在心头。

公元978年七月七日,宋太宗决定在这天将李煜处死,以免除祸根。他传旨御医试制了"牵机药",当天晚上,派人去李煜处赐酒祝寿。李煜不敢违抗,只得接下毒酒。往事不堪回首,抚今追昔,愁云千片,他挥毫濡墨,写下了传颂千古的绝命词《虞美人》:

春花秋月何时了?往事知多少。小楼昨夜又东风,故国不堪回首月明中。

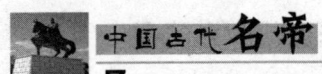

雕阑玉砌应犹在，只是朱颜改。

问君能有几多愁，恰似一江春水向东流！

李煜喝下毒酒后，全身痉挛，五脏俱裂，十分痛苦，第二天清晨咽了气，终年42岁。

南唐灭亡了，中国历史上多愁善感，文笔洁丽的词人消陨了。

第五章

宋元时期的名帝

公元960年，赵匡胤发动陈桥驿兵变，建立了宋朝。宋朝分为北宋、南宋，北宋于1126年为金所灭，历经9帝；南宋于次年建立，至1279年蒙元南侵，陆秀夫负赵昺投海而死，南宋灭亡。

蒙古大汗成吉思汗、忽必烈先后征服西夏、金、南宋、大理，建立了"大元"，为《易经》"大哉乾元"之意。蒙古国从此由一个少数民族建立的政权，变为中国正统王朝的一个朝代。元朝前后相传15帝。

第一节
两宋名帝

宋太祖赵匡胤

赵匡胤于后唐天成二年（927年）春降生在洛阳城吴马营。他自小聪颖好强，因受战乱环境影响，常常与孩子们比武、操演打仗游戏，孩子们都喜欢推其为头目。赵匡胤的父亲赵弘殷是涿郡（今河北涿县）人，是后周的一名高级武官。父亲望子成龙，很早就请先生，给赵匡胤讲授王经。随着年龄的增长和战乱的侵扰，赵匡胤逐渐弃文习武。因为勇敢、勤奋和刻苦，他的武艺提高很快。后汉时候，赵匡胤投靠了养父郭威，备受器重。

郭威兴兵灭了后汉以后，建立后周，并做了开国皇帝，任用赵匡胤为禁军军官。他率军南征北战，战功卓绝，很快成为后周的大将。周世宗柴荣继位后，对赵匡胤更是喜爱有加，任他为节度使。公元959年，周世宗病故。临终前周世宗托孤给赵匡胤，任命他为殿前都点检，负责指挥"殿前诸班"这支禁军中最精锐的部队。这时，赵匡胤实际上已掌握了后周的主要军权，而且禁军中的许多将领也都是他的亲信，这为他成就帝王之业创造了条件。

周世宗死后不久，公元959年六月，柴荣年仅5岁的儿子柴宗训即位，由宰相范质扶助。同年十一月，河北镇州、定州的急报传到开封，说契丹、北汉联合进犯。执政大臣范质等人不辨真假，第二年正月初一便派赵匡胤率军前去迎敌，次日，赵匡胤率队出城，傍晚在开封东北40公里的陈桥驿驻扎下来。

军队出城后，开封城内有许多人传言将"册点检为天子"。在队伍中也有不少人散布言论，说："主上幼小，我们拚死破敌，又有谁知道呢？不如先立点检为天子，然后再去北征。"其实，这都是赵匡胤与他手下的智囊赵普和他的弟弟赵光义一手策划的。当时，举国上下都被笼罩在"主少国疑"的气氛中，再加上赵匡胤的有意质疑和煽动，将士们按捺不住了。

这时，赵匡胤假装喝醉了酒，睡觉去了。第二天清晨，赵普和赵光义率众将领和士卒来拜见赵匡胤。众人齐喊："诸将无主，愿策点检为天子。"赵匡胤假装尚未醒酒，动作迟缓。未等开口，诸将士即将一件早已准备好的皇帝登基时穿的黄袍

宋太祖黄袍加身处

披在了赵匡胤的身上，并下拜高呼万岁。这就是广为世人传诵的"黄袍加身"。

陈桥兵变异常顺利，为了保证秩序，收买人心，赵匡胤在回开封前告诉将士："你们因为贪图富贵，立我为天子，必须听从我的命令，否则，我不当这个皇帝。"众将士齐声回答："惟命是从！"随即，赵匡胤命令，回开封后，要秋毫无犯，对后周的太后和小皇帝"不得惊犯"，不得凌辱朝臣，对"朝市府库，不得侵掠"。听命者赏，违命者罚。

于是，兵变的队伍浩浩荡荡地返回开封。范质、王溥闻听变故，已经无可奈何，只得向赵匡胤跪拜，并帮助赵匡胤举行禅代的仪式。赵匡胤在后周曾任归德军节度使，镇守宋州，故建国号宋，定都开封，改元建隆。赵匡胤在死后被尊为宋太祖。

宋太祖即位后不久，深感军权重要。怎样使军队为自己所用，而不致成为反叛的力量呢？

宋朝建立的第一年，赵匡胤对在陈桥兵变中做出贡献的禁军将领都以拥立之名而加官晋级，从而确立了自己对后周全境的统治。建隆二年（961年）七月初九晚朝，宋太祖请石守信等禁军宿将留下来饮酒。酒兴正浓之际，赵匡胤令侍从们退下，对众将叹了一口长气，说："我如果不是依靠诸位出力，到不了这个地位。但是，做皇帝也有自己的艰难之处，实在还不如做节度使快乐。我整夜都不敢安枕而卧！"众将领不解其意，惊骇地询问缘故。宋太祖

接着说:"这不难知道,我这个皇帝谁不想要呢?"石守信等人听出来这些话是对自己讲的,赶忙表态唯皇帝之命是从,宋太祖也宽慰他们,表示对他们的忠心是毫无怀疑的。"一旦以黄袍加你之身,你虽然不想当皇帝,但能够办得到吗?"宋太祖接着问道。

众将领惊慌哭泣,知道已失去宋太祖的信任,恐遭杀戮,只求太祖指明一条生路。宋太祖稍稍停顿了一下,说道:"人生在世,如白驹过隙。对企求富贵的人来说,不过是想多积攒些金钱,多多娱乐,使子孙们免受贫穷。你们不如释去兵权,多置良田美宅,多买些歌儿舞女,与自己日夜饮酒相欢,又为子孙建立不动产业。朕与你们结为婚姻,这样,君臣之间,两无相猜,不是很好吗?"众将只好听命谢恩。次日,石守信等人都上表称病,要求释解兵权。宋太祖随即允诺,罢去他们的禁军职务。此后,宋太祖提拔了一些资历较浅,容易驾驭的人充当禁军将领,接着取消了禁军最高统帅殿前都点检、副都点检的职务,由殿前都指挥使司、侍卫马军都指挥使司分别统领禁军,各不相属,互相牵制,从而巩固了宋太祖的统治。

开宝二年,宋太祖为了用文官代替武将任地方长官,解决藩镇难治的问题,干脆剥夺了一些节度使的职位,又一次拿出"杯酒释兵权"的办法。一次,王彦超等藩镇入朝,宋太祖又设酒宴招待。等到酒过三巡,宋太祖心平气和地对他们说:"卿等都是国家宿旧,长久在藩镇,事务繁多,真不是朕所以优贤之意啊。"王彦超自知其中之意,就主动说:"臣本无勋劳,久冒荣宠,今已衰朽。辞职,乞骸骨,归丘园,正是自己的心愿。"其他人不识相,不愿辞职。可是,宋太祖主意已定,岂能更改。第二天,就把他们的藩镇职权罢免了。自此以后,节度使之职已成虚衔,地方长官多为文臣担任,宋朝便消除了内乱的根源。

北宋创建之初,五代十国的分裂局面依然如故,在北宋的南边和西边,南唐、吴越、南汉、后蜀、南平等各霸一方,在北边,有契丹和北汉窥视中原。此外,还有不少地方割据势力拥兵自立。如何削平这些反对势力,成为宋太祖心头的一块结症。

最初,他打算先取北方。一天,他向谋

年画门神—赵匡胤

士张永德询问攻打北方的方案。张永德说:"北方兵虽少,但很强悍,加上他们与契丹关系密切,不可急取,只有慢慢地派间谍去做离间工作,使北汉得不到契丹的援助,而且也不能正常进行农业生产,待其困弊,方可以下手。"赵匡胤还不放心,在一个风雪交加的深夜,他又走访了赵普,"吾睡不能着,一榻之外,皆他人之家也,故来见卿"。一进门,宋太祖就大加叹息。

赵普分析了当时的局势,最后指出,先打太原,有害无利。"何不姑略以俟削平诸国,彼弹丸黑子之地,将何所逃?"看到两位谋士的思路如出一辙,宋太祖下定了决心,采取"先南后北"的方略,即先消灭西、南方各个割据势力,后消灭北汉,最后实现一统。

建隆三年(962年)九月,割据湖南的武平节度使周行逢病死,由其子周保权继位。当时驻扎衡阳的张文表起了取而代之之心,遂攻打潭州。周保权无力阻挡,只好向北宋请求援助。这恰好给北宋出兵提供了借口,于是,北宋制订了以救援周保权,讨伐张文表为名,借道荆南,一举削平荆南和湖南两股地方势力的方案。次年,北宋依计出兵,仅用了3个多月,荆南、湖南两个割据势力就被削平。

乾德二年(964年),后蜀派人与北汉勾结,企图夹击北宋,没想到信使却秘将此信献给了宋太祖。这样,北宋西讨便师出有名。在第二年正月,灭了后蜀。据统计,从出师到占领成都,仅用了65天。

开宝三年(970年)十一月,宋太祖挥师进攻南汉。当时的南汉政治极其黑暗,人民生活水平低劣,北宋便以"救此一方民"的名义伐南汉。北宋军队势如破竹,很快,南汉被灭。此后,北宋使用离间计,使南唐主毒死了大将林仁肇。开宝八年十一月底,宋军攻进金陵,南唐主被迫投降,南唐灭。

开宝九年(976年)十月二十日,宋太祖突然在夜间去世,终年50岁。关于他的死传说甚多,有传被弟先义所杀,莫衷一是,竟成千古之谜。

宋太祖虽然没能看见国家统一的那天,但他制定的"先南后北"的战略方针以及在南方取得的巨大成功实为大宋一统天下奠定了坚实的基础。

宋太宗赵光义

宋太宗(939—997年),名匡义,后改名为光义,即位后又改名炅。宋太祖之弟,宋朝第二代皇帝。

开宝九年（976年）十月十九日夜，太祖命人召时任开封府尹的晋王赵光义入宫。光义入宫后，太祖摒退左右，与光义酌酒对饮，商议国家大事。室外的宫女和宦官在烛影摇曳中，远远地看到光义时而离席，摆手后退，似在躲避和谢绝什么，又见太祖手持玉斧戳地，"嚓嚓"斧声清晰可闻。与此同时，这些宫女和宦官还听到太祖大声喊："好为之，好为之。"两人饮酒至深夜，光义便告辞出来，太祖解衣就寝。到了凌晨，太祖驾崩。二十一日，他的弟弟晋王赵光义即位，史称"宋太宗"，改年号为"太平兴国"。

赵光义继位后，为了巩固帝位，任命其弟赵廷美任开封尹兼中书令，晋封齐王，任德昭为节度使和郡王，任德芳为节度使。将太祖和廷美之子女称为皇子皇女，并将太祖的三个女儿封为国公主。太祖的旧部薛居正、沈伦、卢多逊、曹彬和楚昭辅等人都加官晋爵，他们的儿孙也因此获得官位。而一些太祖在世时曾加以处罚或想要处罚的人，太宗都予以赦免。除此之外，太宗更注重培养和提拔自己的亲信。与此同时，太宗还有意结交不少文官武将，即便是太祖的旧部，诸如楚昭辅和卢多逊等掌握实权的朝中要员，太宗都着意加以结纳。此外，罢黜了一批元老宿将如赵普、向拱、高怀德、冯继业和张美等，将他们调到京师附近做官，便于控制。经过这些措施，太宗笼络了人心，巩固了政权。

赵光义还扩大取士人数，他大大扩充科举取士名额，每科录取人数由太祖时的数十人猛增至数百人，甚至上千人。使得不少有才华之人都有机会入仕，让他们出任各种职务。

赵光义在位期间，继续推行统一全国的政策，迫使吴越王钱俶纳土归宋，出兵攻灭北汉，又数次大举北攻辽国，试图收复燕云十六州，但因准备不周，均遭大败，并使与辽国的关系转为被动。他又继续加强中央集权，用文人执政，使儒学渐渐抬头。他注重农田水利，继续鼓励垦荒，使

赵光义

社会生产有所发展,社会秩序比较安定,但对百姓的盘剥颇重。晚年,他血腥镇压了四川地区的王小波、李顺起义。

赵光义也很喜欢读书,并最爱读《太平御览》,常常从上午读到下午。他也重视文人,当时随南唐李煜、吴越钱俶等国君来汴京的臣子,在这些旧主亡故以后,因处境恶化而口出怨言。赵光义知道了,并没有加罪于他们,反将他们全部录用,建造书馆,让他们编修《册府元龟》、《文苑艺华》、《太平广记》等文籍,并给他们提供了很优厚的生活条件和良好的工作环境,使这些人心满意足,大都潜心撰书,直至老死。

公元979年,赵光义在高粱河(今北京市大兴县东)被辽军战败,全军溃逃。辽兵紧追,御用器物和妃嫔都被夺去,他脱身逃走,大腿上中了二箭,此后箭伤每年都要复发。公元996年秋,赵光义箭伤复发。同年八月,立三子赵元侃为太子,命李沆、李至为太子宾客,负教育之责。公元997年三月癸巳日,赵光义病死于汴京万寿殿西阶,享年58岁。

宋真宗赵恒

开宝元年(968年)十二月二日,太宗第三子赵恒出生。赵恒幼时聪睿,与诸王嬉戏时喜欢摆阵并自称元帅。太祖赵匡胤非常疼爱他,曾抚摸着他的头问他:"天子好做否?"答道:"由天命耳。"

至道三年(997年),太宗病逝,28岁的赵恒即皇帝位,是为宋真宗。

真宗即位后,采取了一系列获取民心的措施:罢黜奸臣李昌龄、王继恩、胡旦、潘阆等人;放归长期被幽闭于宫中的嫔御;诏令天下不准再献珍禽异兽及各种祥瑞等。

为了方便询问各地政务,真宗还将全国分为京东路、京西路、河北路、河东路、陕西路、淮南路、江南路、荆湖南路、荆湖北路、两浙路、福建路、西川路、峡路、广南东路、广南西路十五路。

在朝中大臣的辅佐下,真宗减免租税、

赵恒

严格选拔官吏、肃清朝中奸党。在治国的过程中，真宗令人修纂《太宗实录》，并常常阅读《太祖实录》和《太宗实录》，向伯父和父亲学习治国经验。

在处理政务上，真宗做得不错；但在处理军务上，真宗却没有多大能耐。真宗即位后，辽国仿佛摸到了宋朝的软肋，于是开始侵扰宋朝边境，而且规模越来越大。

景德元年（1004年）九月，萧太后以大将萧挞凛、萧观音奴为先锋，率大军20万，倾全国兵力南征。辽军避重就轻，直抵黄河北岸的澶州（今河南濮阳）。澶州的对岸，就是北宋的都城——开封汴梁。战报传到宋廷，朝野上下一片惊慌，宰相寇准建议真宗御驾亲征。

鉴于宋太宗高梁河惨败的教训，宋真宗一直有畏辽如虎的心理，听到寇准的话后立即要回内宫。翌日，朝中争执不下。不少大臣不但不主张真宗亲征，甚至还力劝真宗做迁都之议。参知政事王钦若是江南人，主张迁都金陵，佥枢密院事陈尧叟是四川人，主张迁都成都。堂堂副宰相级别的中枢重臣竟公然主张不战而逃，宋人对辽国的畏惧程度可见一斑。寇准大怒，声色俱厉地要求将主张迁都的人斩首，逃跑派的气焰才一时被遏制。此时，寇准再一次提出要宋真宗领兵亲征："皇上亲征，人心振奋。文武大臣通力合作、同仇敌忾，辽军自可退去。若辽军来攻，我们可出奇计骚扰，打乱其进攻计划；也可以坚守不出，使辽军疲惫不堪，再乘机打击。若退至江南或是四川，则人心动摇，辽军乘势深入，大宋江山还能保得住吗？"寇准的意见得到了宰相毕士安、武将高琼等人的支持。宋真宗虽不情愿，但受形势所逼，遂同意亲征。真宗在寇准陪伴下出现在两军阵前，宋朝士兵高呼"万岁"，声传数十里。

萧太后见宋军斗志昂扬，再加上先锋官萧挞凛在察看地形时被宋军伏弩射死，感觉到此战不利，遂要与宋军议和。宋真宗本来就对亲征三心二意，终日提心吊胆，见萧太后同意议和，便急忙派曹利用前去磋商。萧太后见宋使前来，故意吊宋廷的胃口，提出要宋朝退出后周柴荣时收复的关南之地，曹利用当即回绝，并回去复命。这期间，宋辽之间的摩擦不断，互有胜负。萧太后见天气逐渐转冷，担心旷日持久会生变异，于是开始了第二次谈判。宋真宗告诉曹利用只要不割地，就是多献100万金帛也无所谓。

宋辽经过谈判，终于达成协议——"澶渊之盟"。澶渊之盟规定：辽宋为兄弟之国，辽圣宗年幼，称宋真宗为兄，宋真宗尊萧太后为叔母；以白沟河为国界，此后凡有越界盗贼逃犯，彼此不得收匿；两朝沿边城池，一切如常，不得创筑城隍；宋每年向辽提供"助军旅之费"银10万两，绢20万匹；双方于边境设置榷场，进行互市贸易。

澶渊之盟后，宋辽各自罢兵。从此，宋辽双方进入了百余年相对稳定的和平时期。萧太后在第二年下令在双方边境开设榷场进行贸易，加强了两国的经济文化交流，对宋辽双方社会经济的稳定发展和人民生活的改善乃至民族融合都有积极意义。

随着战事的平息，真宗开始渐渐腐败，最突出的是听信奸臣之言，采用自欺欺人的方法来粉饰太平。

王钦若与寇准一向不和，见其因平息战乱有功受宠而心生恨意。景德三年（1006年）的一天，寇准在真宗会朝时先行告退。真宗目送寇准离开，王钦若乘机进言："陛下敬畏寇准，为其有功社稷邪？"真宗："然。"王钦若说："澶渊之役，陛下不以为耻，而谓准有社稷功，何也？"真宗愕然，王钦若解释道："城下之盟，《春秋》耻之。今以万乘之贵而为澶渊之举，是盟于城下也，何耻如之！"见真宗有不悦之色，王钦若继续说道："陛下闻博乎？博者输钱欲尽，乃罄所有出之，谓之孤注。陛下，寇准之孤注也，斯亦危矣！"此后，真宗渐渐疏远寇准，更加亲近王钦若。不久，寇准被罢为刑部尚书、知陕州，参知政事王旦被擢升为工部尚书、同平章事。

自从听了王钦若的那番话后，真宗常常快快不乐。一日，他问尚书左丞王钦若该如何为国雪耻。王钦若知道真宗没有心思举兵，于是故意说只要夺回燕云十六州就可以洗刷耻辱。真宗立即找借口："河朔生灵，始得休息，吾不忍复驱之死地，卿盍思其次？"王钦若遂建议真宗封禅，以此来镇服四海、夸示戎狄。然而，要想封禅，必须要等到天降祥瑞。王钦若知道真宗会考虑到这一点，于是建议采用人为的方式得到天瑞，说得真宗有些心动。

很快，真宗决定采用王钦若之意。不过，要想保证封禅的顺利进行，必须要征得宰相王旦的同意。为此，真宗召其入宫赴宴。宴毕，真宗赐给他一壶酒并说道："此酒极佳，归与妻孥共之。"王旦回到家中打开一看，发现酒壶中装满了珍珠。此后，王旦对封禅一事不再持有异议。

此后，真宗不断地耗费大量人力、物力和财力大行封禅之事。真宗沉浸在自己编织的太平梦中"只愿长睡不愿醒"，结果将战后本可以用来增强国力的大好时光白白浪费掉，为宋朝的繁荣富强增添了更多阻力。

乾兴元年（1022年）二月二十日，55岁的真宗去世。

宋徽宗赵佶

元符三年（1100年）正月，年仅25岁的宋哲宗病死。因哲宗无嗣，向太后要立端王赵佶为帝，而宰相章惇则认为"端王轻佻，不可以君天下"。但是，向太后还是争取到了知枢密院事曾布、尚书左丞蔡卞及中书门下侍郎许将等人的支持。未满18岁的赵佶就这样在哲宗灵柩前继承了皇位。

宋徽宗即位之初，虽然与向太后共理国事，但他既无政治经验，也无治事能力，所有的事都是由向太后来处理。直到次年（1101年）向太后去世，宋徽宗才真正开始行使皇权。在执政初期，徽宗也曾励精图治，试图改变北宋的内忧外患。摆在他面前的首先就是朝廷内的朋党之争（王安石变法后一直有新旧两党的矛盾）。元符三年十一月，宋徽宗下令明年改元建中靖国，以示消释朋党之争。但两派终究水火不容。调和不成，他又转而依靠一派而企图彻底压倒另一派。正是在这种情况下，建中靖国元年（1101年）十一月，徽宗下诏改明年为"崇宁"元年，表示他要全面恢复熙宁时期神宗推行的各项新政。

韩忠彦则在新政的干预下被罢相。而曾经被逐出朝的蔡京、蔡卞兄弟分别出任尚书右仆射兼中书侍郎和知枢密院事。宋徽宗与蔡氏兄弟狼狈为奸，滥施淫威，打着新法的旗号，胡作非为20多年，把北宋的政治搞得空前黑暗，社会经济也几近崩溃。蔡京虽然是以标榜新法入相的，但他的所作所为没有一件是符合"熙丰新法"精神的。新法在蔡京手中是迫害异己的棍子，搜刮人民的借口。他为相20多年，党羽满朝，虽因灾异之象三次罢相，但时间都很短，谁也对他奈何不得。即使有人敢奏劾其罪，也难免遭到流放岭南的命运。从政和到宣和，宋徽宗曾七次登门访问蔡府，并将女儿嫁给蔡京之子。君臣共同危害社稷百姓，国怎能有不亡之理？

宋徽宗爱好书画，被贬的蔡京就是因为搜集了大量字画而受徽宗赏识，于是崇宁元年，蔡京代替了曾布为右相。此外，蔡京还怂恿徽宗制礼作乐，大兴土木，建明堂，修筑皇家园林等。其中修建的新延福宫是当时最著名的建筑，而且徽宗还下令收集各种珍奇之物加以装点。徽宗本就爱好奇花异石，即位后更是大肆搜集,凡谁家有了好东西,都要派人去查封,全部指定为御前之物,并令主人小心护视。如有损坏,就要被加上"大不恭"的罪名。待到发运这些珍奇之时,更要拆屋、毁墙以出。以致人们有了"宝贝",都认为是不祥之物。

徽宗的人生哲学就是"太平无事多欢乐",尽管宫中嫔妃不计其数,生有子女60多人,但仍微服私访,与汴京色艺双绝的名妓李师师打得火热。师师长于歌唱,传说,徽宗去会李师师,恰好词人周邦彦来不及退出,便隐匿在屋内。这样,徽宗与李师师调笑,周邦彦便做了首《少年游》。后来徽宗知道后,便以"周邦彦职事废弛"的罪名,将其逐出京城。

再好的东西习惯了也就没什么乐趣了,徽宗厌倦了这些后,又幻想得道成仙。小吏出身的王老志,因自称会道术,而被徽宗召其入京,并将其安置在蔡京家中,封老志为"洞微先生"。还有一人还被徽宗封为"通妙先生"。这位"通妙先生"更是神通广大,由于皇帝对他恩宠有加,所以许多元老重臣、皇亲国戚有事都要经他打通关节。那道士比其他人高明的是,他居然说徽宗是上帝元子,为神霄帝君。于是宋徽宗和他的臣子们更是疯狂迷恋道教,甚至把自己也封为"教主道君皇帝"。这样的国君管理国家,真是百姓的灾难,因为只懂得挥霍,他们已经将历朝的积蓄耗费殆尽。于是他们又铸造当十丈钱,滥印交子。卖官售爵,巧取豪夺的手段更是花样翻新。哪里有不公,哪里就有反抗,宣和元年(1119年),北方爆发了宋江起义,宣和二年东南爆发了方腊起义。尽管宋江被招安,方腊被镇压,但北宋王朝的丧钟却已经在隐隐作响。

在北宋的河山日趋衰败的时候,女真人在东北地区悄然繁盛。当时,辽国也是危亡在即。在这种情况下,宋徽宗看不到日益临近的女真南下的危险,却不由得想起了他的列祖列宗几次尝试"复燕"("复燕"即攻取辽统治下的幽蓟地区,后来,宋曾在今北京市设燕山府)而没有机会的历史。"复燕"成功,既可摆脱北宋百余年国势不振的命运,还可以缓和北宋社会内部的矛盾。于是,他全然不顾与辽国的百年盟好,决意与新兴的金国结盟。

重和元年(1118年),宋、金相约夹攻辽朝。自此,宋金使节往来不断。对此,有识之士皆以为无异于玩火自焚。"臣恐唇亡齿寒,辽亡宋危。""宋辽讲和,已逾百年。近年,契丹遭女真侵逼,对宋更是恭顺有加。今舍恭顺之契丹,而远逾海外引强悍之女真以为邻域,臣恐亡国之祸未有宁息之期也。"

但是，宋徽宗并没有听取这些意见，而是一意孤行。宣和二年（1120年）宋金双方约定同时出兵攻辽，金取中京大定府，宋取燕京析津府（今北京市）。开战不久，北宋攻燕的两路大军即告失败。最后，燕京为金军攻取，并俘掠子女玉帛而去，而后把空城给了宋，换取"代税钱"百万缗。宋朝把这也算作完成了"复燕"大业。然而，正当以宋徽宗为首的北宋统治集团沉醉在"复燕告成"的梦境之中时，金朝的新皇帝太宗吴乞买却正在准备南下。

宣和七年（1125年）冬十月，金国以两路大军攻宋。在叛贼郭药师的带领下，金军很快就打到了京师附近。徽宗吓得忙把皇位传给了儿子赵桓，但由于钦宗赵桓畏敌如虎，不思抵抗，而是以巨额金币换得金人退兵。靖康元年（1126年）二月，金军北返，主战派立即失势。四月，太上皇徽宗回到了汴京，正当北宋统治集团认为可以重新安享太平之时，金军于同年冬再度南下，攻占了汴京，徽、钦二帝当了女真人的俘虏。这就是岳飞满江红里所谓的"靖康耻"。

靖康二年（1127年）四月初一，金人押解着徽、钦二帝及太妃、太子、宗戚共3000余人北去。同行的还有大量徽宗苦心搜集的古籍珍玩等。这时的徽、钦二帝完全失去了昔日的威严，他们头上的皇冠已经被一顶青毡帽取代了，自己骑在马背上，由金军监护着来到北国，素服拜见金太祖阿骨打庙，然后又拜见金太宗吴乞买。金太宗封太上皇宋徽宗为"昏德公"，钦宗为"重昏侯"。把他们安置在韩州（今辽宁昌图境内），给田15顷，令其耕种自给。后又被迁移到五国城（今黑龙江依兰）。1135年春，徽宗客死他乡，直到8年后，他的灵柩才被运到临安安葬。

宋高宗赵构

大观二年（1108年）五月，徽宗第九子赵构出生。同年八月，赵构担任建武军节度使、检校太尉，被封为蜀国公，后又先后被封为广平郡王、康王。金兵抵达汴京后，在议和时曾要求以他为质，后又因其不是亲王而将其放归。靖康元年（1126年）八月，钦宗又令其在军前议和。赵构宁死不赴，遂留在相州。同年闰十二月，钦宗以他为兵马大元帅。靖康二年（1127年）四月，钦宗被金人北迁。不久，赵构前往临安（今浙江临安），百官上表劝进。五月，赵构即皇帝位，是为宋高宗。

高宗和其父兄一样，害怕和金兵打仗。他所重用的大臣汪伯颜、黄潜善二人也是主张屈膝议和之人。南宋朝廷刚刚建立，宋高宗就急不可耐地向金朝求和，以割让河东、河北州郡为条件，送与金朝。

老将宗泽在滑州保卫战中采取了"联合抗金"的策略，与各地义军联合击退了金兵的南犯。为了再次迎战金军，宗泽在开封修建了许多防御工事，并且招募了大批兵马。高宗考虑到宗泽的兵力日趋强盛，身为前朝重臣的他一旦迎回徽、钦两位皇帝，自己的皇位很难保住，于是任命郭仲荀为东京副留守，用他来监视宗泽。怀有满腔报国热忱的宗泽对高宗的做法感到不满，但敢怒而不敢言，不久便一病不起，后因背上毒疮发作身亡。

宗泽死后，高宗任命杜充为东京留守。杜充上任不久便将宗泽采取的抗敌措施一一废除，而且还刻意打击义军将领。就这样，宗泽费尽心血组织的百万武装力量在一月之内被销毁得无影无踪。

不久，金国再次南犯。金统军大将粘罕率金兵连克开封、大名、相州、沧州等地后，直逼扬州。高宗仓皇而逃，在御营司将领苗傅、刘正彦等人的护送下落足杭州。

昏庸的高宗不但没有吸取这次落败的教训，反而变本加厉地宠信腐败无能的王渊、康履等人。苗傅、刘正彦等人见高宗无意收复河北，一气之下发动了武装暴动。在暴动中，他们趁机杀死了无能的王渊，后又带兵直闯宫中，杀了百余名宦官。他们对高宗说："陛下赏罚不明，将士们为国流血流汗，不见奖赏，而宦官逆臣不见为国做事，却得以厚赏。宦官王渊遇敌不战，抢先逃走，其同党内侍康履，更是贪生怕死之徒，这样的人居然得到重用，如何服众将士？现我二人已将王渊斩首，惟有康履仍在陛下身边，为谢三军，请陛下将其立斩。"高宗见形势不妙，只得斩康履而求自保。随后，苗、刘二人逼迫高宗退位。高宗无奈，借隆太后手诏禅位皇太子，并由隆太后垂帘听政。后来，在宰相朱胜非的策划下，高宗才得以复位。

高宗刚刚复位，就遇到了从金国返还的北宋御史中丞秦桧。靖康之变中，奸臣秦桧也被金兵迁徙，在金世宗弟弟挞懒处为奴。秦桧之所以能够回到宋朝，是因为金人想用他做内应。

秦桧声称自己是从金国逃出来的，尽管受到了种种猜疑，但还是在朝中大臣的拥护下取得了高宗的信任。秦桧向高宗介绍了徽、钦二帝在金国的情况，并献上了早已准备好的《与挞懒求和书》。高宗仿佛见到了救星一般，大

喜道："秦桧南归，使朕闻之二帝、母后消息，且桧忠实，与其一谈，朕高兴得夜不能寐，真乃天赐朕一良臣也。"不久，高宗令宰相范宗尹封其为礼部尚书。

绍兴元年（1131年）二月，秦桧被升为参政知事（副宰相）。此后，他伺机除掉范宗尹。不久，宰相范宗尹建议废除徽宗崇宁年间兴起的滥赏恶习。秦桧先是附和，见朝中大臣不满后立即以"宰相之意恐动摇民心"为由，向高宗进谏。高宗思虑再三，罢免了范宗尹。范宗尹被罢免后，秦桧被提升为右相兼知枢密院事。后来，秦桧"河北之人归金，中原之人归刘豫"的建议遭到了大臣士民的公开反抗。高宗以专主和议、植党专权的罪名罢免了秦桧的宰相职务。

绍兴五年（1135年），金主粘罕死，其弟挞懒得势。挞懒恃兵威胁南宋，宋高宗无奈，只好起用秦桧为相，让他主持议和。秦桧见高宗议和态度明朗，不顾群臣反对，与高宗二人强行推行了议和政策。次年，金国突然发生政变。议和国书墨迹未干，挞懒死于政敌金兀术之手。金兀术以"与宋交通、倡议割地"为理由，处死了挞懒。随后，金兀术率大军南下。

抗金名将岳飞与刘锜相互配合，击败金军数次。金兵精锐死伤过半，金兀术的女婿也在混战中被杀。高宗并没有因岳飞抗金的胜利而打消向金人妥协的念头，反倒担心岳飞会不会给他失而复得的皇位造成威胁。因为每当他想到苗傅、刘正彦两位将军的叛乱时就心有余悸，深恐武将难以控制。

正当岳飞准备大举进攻之际，秦桧以高宗的名义命令其"择日班师，不可轻进"。岳飞以"将在外，君命有所不受"为由，执意进攻，在朱仙镇大败金兀术后准备乘胜追击。秦桧顿时慌了手脚，竟在一天之内连下十二道金牌。岳飞无奈，只得仰天长叹，痛惜十年之功，毁于一旦。

岳飞塑像

绍兴十一年（1141年）四月，高宗在秦桧的唆使下，任命韩世忠、张俊为枢密使，岳飞为枢密副使，以论功行赏之名行明升暗降、削夺兵权之实。

金兀术闻讯大喜，立即卷土重来，威胁南宋割让淮河以北的土地，并处死抗金将领。得此消息后，秦桧开始精心组织谋划，准备杀掉岳飞等人。秦桧一面通过诬陷将岳飞打入大牢，一面代表南宋同金兀术签订了"和约"：两国以淮水为界，割让唐、邓二州与陕西诸地；每年进贡银两、绢匹各25万；北方人流寓江南者，任其归回旧地。这就是宋金对峙史上的第二个"和约"，史称《绍兴和约》。随后，秦桧在没有任何证据的情况下处死了岳飞、张宪、岳云等人，并将岳飞的亲朋故旧杀戮流放。因被罢职而赋闲在家的韩世忠当面质问秦桧岳飞有何罪时，秦桧竟以"莫须有"作答。

此后，秦桧权倾朝野，高宗对其非常倚重。绍兴二十五年（1155年），秦桧病逝。百姓本以为高宗摆脱了秦桧的蛊惑，能够在贤臣的劝导下为大宋洗刷耻辱，不料高宗转而倚重同样主张议和的大臣，以便能够继续稳坐皇位。

绍兴三十一年（1161年），金朝国主完颜亮举兵南下。幸好朝中还有骁勇善战的武将，遏制了金兵的攻势。高宗见想做个安稳皇帝如此困难，索性于绍兴三十二年（1162年）禅位，自己退为太上皇。过了20多年的舒服日子后，高宗于淳熙十四年（1187年）病逝，终年80岁。

知识链接

徽宗的书画

宋徽宗赵佶从小就爱好艺术，且有非凡的才华，为端王时，常与画家王诜、吴元瑜及宗室赵令穰等人往来唱和，同堂作画，受到良好的艺术熏陶。即位后不久，他对宰相三公们说："朕余暇别无他好，惟好画耳。"人们为满足他观赏、学习的需要，广搜古今名画，藏品百倍于先朝，并将多达1500件的绘画精品分门别类，编成一部大型画集，名为《宣和睿览集》。

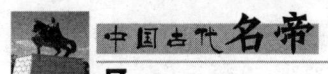

徽宗善于融合古人的作画技巧，同时能够推陈出新，尤长于工笔花鸟。如今，徽宗的画作仍有流传，后人评论徽宗绘画，认为"一羽毛，一卉木，皆精妙过人"，他作墨竹，"自成一家，不蹈袭古人轨辙"。

　　此外，他还工于书法，初学黄庭坚，后独创"瘦金体"，现存墨迹，均属上品。在他的倡导下，北宋书画艺术得到发展。他曾组织人力编撰《宣和书谱》和《宣和画谱》，大量的书画作品得以流传后世。

　　做了一个才华横溢的艺术家，也做了一个亡国之君，这的确是宋徽宗个人的悲剧。这个糊涂的帝王，用自己智慧的双手打开了亡国的大门。

第二节
辽金西夏名帝

辽太祖耶律阿保机

　　唐末五代初期，中原封建割据，战乱不休，千里赤战，遍野哀鸿。与此同时，耶律阿保机（872—926年）却领导契丹族崛起于北方草原。他于公元907年即可汗位，力平"诸弟之乱"；916年统一契丹各部，建立独立的契丹民族国家。耶律阿保机在建国前后，一方面发展政治、经济、文化，加速契

第五章 宋元时期的名帝

丹封建化进程，提高本民族的文明水平；另一方面领导北方各族人民，共同开拓祖国北方边疆，为民族融合做出了卓越的贡献。

契丹族是我国历史上一个古老的民族，大约起于汉朝末年，到北魏时期中原汉人的文献中才开始出现关于契丹的具体记载。

契丹族的发祥地在今西拉木伦河、老哈河流域及其稍北一带，范围是不大的。阿保机即可汗位后，一边致力于统一契丹各部，一边对周围的奚、室韦、女真、乌古、鞑靼等部族数度用兵，并多次南攻中原，势力范围不断扩大。到公元911年他的统治区域是"东际海，南暨白檀，西踰松漠，北抵潢水"。公元924年进兵吐谷浑、党项、阻卜等部，公元926年年初平定渤海国，尽有辽东之地。这样，辽朝疆域除南边外，东、北、西部边界在阿保机时期就大致确定了。辽帝国幅员万里，首先应归功于阿保机。

阿保机所占领的广大区域，民族情况十分复杂，其社会经济发展的水平也不一致，有的还相差很大。对此，阿保机采用"因俗而治"的办法进行统治。这主要可区分为三种情况：

1. 设置"头下军州"以处汉人。迭剌部地近汉族聚居区，晚唐时就有许多汉人进入，后来阿保机在征战中又掳来更多的汉人。对于这些汉人，阿保机设置"头下城"让他们居住，并在周围草原上从事农业生产。他们的身份大部分属于奴隶性质，自动流入草原的则近于农奴。

2. 以"国俗"治奚人。奚、室韦的风俗习惯、社会发展阶段大致与契丹相近，阿保机将他们征服之后，就把他们与契丹部落同等对待，用"国俗"（契丹俗）治理。他把奚族分成五部，仍立奚人为奚王，其原有的统治方式基本维持不变，只是命契丹人监督奚人兵马。

3. 征服渤海以后，统治方法又不同于奚区。阿保机将国号改为"东丹"（似乎与"契丹"相并提），以长子耶律倍为国王（称"人皇王"），并赐给倍天子冠服，建元甘露，称制，置左、右、大、次四相及百

耶律阿保机铜像

131

官，基本上维持了原来渤海国的状态，只不过是名称作了些改变而已。东丹国可以看作契丹帝国之下的一个自治国家。

这种"因俗而治"的统治方法，实根基于各民族间社会、经济、文化水平的巨大差异。后来，情况发生了许多变化，东丹国取消了，对奚的统治也有变化，在新占领的汉地和原渤海国地区设置了许多州县，但是，"以国制待契丹，以汉制治汉人"却成为辽朝的基本国策，一直相沿奉行下来。

公元916年二月，阿保机采用汉法称帝建元，正式建立起世袭皇权的国家，并以族名为国号，称为"大契丹"，公元947年改称"大辽"，公元983年又改号为"契丹"，1066年复改号为"辽"，尽管有这些改动，后世仍统称为"辽朝"，阿保机即为辽太祖。

原来部落联盟中的军事统领，成为可汗之下职位最高的大臣，总理军国事务；又设南府、北府宰相辅助可汗治理契丹八部；迭剌部酋长不仅统管迭剌部，而且执掌全部兵马大权；惕稳掌管皇族内部事务；决狱官是早就有了的官职；文班林牙掌管文书。以上这些官员，到后来发展成为一整套北面朝官，负责处理全国一切重大事务，并偏重于治理契丹、奚等族的军民事宜。另外，阿保机又创设了政事令、左尚书、右尚书、汉儿司等官职，任命汉人知识分子充当，是管理汉族人民事务的朝官，后来发展成为南面官制。辽朝因俗而治的南北面官制度是在阿保机时期开始建立的。

恩格斯说："每一次由比较野蛮的民族所进行的征服，不言而喻地都阻碍了经济的发展，摧毁了大批的生产力。但是在长时期的征服中，比较野蛮的征服者，在绝大多数情况下，都不得不适应征服后存在的比较高的'经济情况'。"阿保机在领导契丹族社会前进的过程中，虽然对中原封建经济有一定的破坏，对北方各民族人民有过压迫，但它换来的是整个契丹社会的进步，是整个中华民族的发展。

金太祖完颜阿骨打

完颜阿骨打是女真族人，1068年出生于女真完颜部的一个贵族家庭，是女真部落联盟首领劾里钵的次子。1113年，他继任女真部落联盟首领。1114年起兵反辽。1115年称帝建国。

女真族是我国东北古老的少数民族之一。他们长期生活在黑龙江、松花江流域和长白山麓的"白山黑水"地区，系唐朝黑水靺鞨的后裔，契丹建国后从属于辽朝的统治。从这时起，黑水靺鞨便以女真的名称见称于世。

女真族在长期的发展过程中，深受契丹贵族的种种奴役和残酷压迫。阿骨打继任部落首领后，积极做好抗辽的准备。他发动女真人"力农积谷，练兵牧马"，并积极统一内部。在统一诸部的过程中，"好则结为亲，以和取之，怒则加以兵，以强夺之"。各部的统一，加强了完颜部的武装力量。经过一年多的准备，对辽朝内部虚弱情况也更加了解，反辽的时机成熟了。

1114年9月，阿骨打会集各路人马在拉林水举行反辽誓师。阿骨打历数辽朝罪状，说："我们世事辽国，恪守职责，有功于辽，但辽国对我们有功不赏，反而侵夺侮辱我们。对罪人阿疏，无视我们的要求，不肯放他回来。今天问罪于辽，请天地保佑。"阿骨打还告诫诸将士："你们要同心协力，凡有功者，奴隶、部曲释放为平民，庶人加官；原有官职者，可根据功劳大小升迁。如违背誓言，要处死刑，对于家属也不宽容。"一时间，群情激昂，士气高涨。

阿骨打率精兵2500人，奔袭混同江边的辽朝东北边防重镇宁江州（今吉林扶余东南石头城）。在进军宁江州的战斗中，阿骨打身先士卒，指挥若定。女真将士同仇敌忾，奋勇争先。契丹军一触即溃，纷纷逃命，相践踏而死者十有七八。十月，攻克宁江州，士气倍增。十一月，辽朝数万大军与女真军会战于出河店（今黑龙江肇源县西北）。当时大风四起，沙尘蔽天，英勇的女真军乘风暗渡混同江进击，大破辽军，俘获车马兵甲无数。辽军"士无斗志，望风奔溃"。女真军又乘胜攻克咸（今辽宁开原）、宾（今吉林安东北）、祥（今吉林农安）三州，在辽朝东北边境建立了据点。这时，女真军迅速扩大，兵力增加到10000余人，军势更盛。同时，铁骊、兀惹二部也接受了阿骨打的领导，加入了反辽战线。

战争开始时，辽朝兵力远远超过女真人。由于阿骨打领导的抗辽战争是正义的，

完颜阿骨打

是为民族解放而战，所以得到了女真各部人民的大力支持，故能以少胜多，百战百胜。

1115年，阿骨打在初期反辽的胜利声中，采纳汉族地主阶级知识分子的建议，在诸将拥戴下，称帝建国，改名旻。他说："辽以镔铁为号，取其坚也，镔铁虽坚，终亦变坏，唯金不坏不变。"于是称国号为大金，以会宁（今黑龙江阿城县南）为都城，年号收国。阿骨打就是金太祖。

金政权建立的当年，辽朝内部矛盾重重，各族人民反辽起义不断发展，阿骨打趁此机会，不失时机地向辽朝发动了一系列的军事进攻。

1115年，金太祖率军在达鲁古城击败辽行军都统耶律斡里朵，接着又大败辽将张琳于涞流河（今拉林河）。九月，阿骨打的骑兵便攻占了辽朝的北方军事重镇黄龙府（今吉林农安）。1116年正月，渤海高永昌据东京起兵反辽，天祚帝派张琳镇压。张琳募辽东2万饥民进攻东京城。高永昌向金求援，金太祖阿骨打乘机进兵，击败张琳，攻下东京城。高永昌也为金军所擒，东京等54州皆为金朝所占有。

张琳失败后，天祚帝命耶律淳为都元帅募军抗金。耶律淳招募辽东饥民28000人，组成"怨军"，另外又选燕、云、平几路禁军和募兵数千人，也编入怨军，共30000余人。1117年十月，在徽州（今辽宁阜新市）东，耶律淳与金军相遇，怨军"皆无斗志"，"未阵而溃"。十二月，耶律淳的"怨军"与金兵大战于蒺藜山，"怨军"又大溃。

1118年，北宋遣赵良嗣从山东登州过海到东北使金，金也派人使宋，商议攻辽问题。1120年，最后商定，宋、金夹攻辽国，长城以北的中京，由金军负责攻取；长城以南的燕京，由宋军负责攻取。夹攻辽朝胜利后，燕云地区归宋，宋将原来输辽的岁币如数转送给金国。这就是历史上宋、金"海上之盟"。

1120年四月，金兵向辽上京进发，金太祖亲自督战。早晨发动进攻，不到中午，即攻下上京城，辽上京留守投降。天祚帝逃奇谈怪往西京，金兵胜利班师，辽朝疆土已被金兵占领过半。1121年，辽都统耶律余睹来降，金太祖从而进一步得知辽国内部空虚，决定再度发兵。金太祖以完颜呆为内外诸军都统，以完颜昱、宗翰、宗干、宗望为副，统领大兵进攻。金太祖下诏说："辽政不纲，人神共弃，今欲中外一统，故命汝率大军以行讨伐。"明确把夺取辽朝领土，作为这次作战的目的。

1122年，金完颜果攻下辽中京（大定府），进据泽州，辽天祚帝逃往鸳鸯泊（今河北张北县西北）。完颜杲和宗望分道向鸳鸯泊进击。天祚帝又逃往西京（今山西大同）。金兵攻占西京，进而招降天德、云内、宁边、东胜等州。天祚帝逃入夹山（今内蒙萨拉齐西北）。

六月间，金太祖亲自领兵自上京出发，追击天祚帝，直到大鱼泊。完颜昱和宗望部追及天祚帝，大败辽军，天祚帝又逃走。归化、奉圣二州相继投降。金太祖统率大军到奉圣州，蔚州辽臣也来归附。十二月，金太祖率军向辽的燕京（今北京）进发，宋军自燕京南路配合攻辽。左企弓、虞仲文开城降金，金太祖入燕京城，接受官员们朝贺，金兵获得大胜。

1123年，金兵将燕京的工匠和财宝等掳掠一空，然后按约将燕京六州之地交给宋朝，宗望、斡鲁等继续追击天祚帝。金太祖领兵回师。同年八月，金太祖在返回上京的路上病死。

金朝的国家是在对辽战争的过程中建立的，它还不可能立即形成完整的国家制度。但在阿骨打在位的几年间，作为阶级压迫机关的军事政治制度，已经初步建立起来。

金国建立后，废除原来的部落联盟长的制度，阿骨打自称皇帝，确立了皇权的统治。阿骨打没有像阿保机建立辽国那样，模仿汉制立太子，皇权的继承仍然暂时保留着推选的痕迹，但实际上已完全掌握在阿骨打家族手中。

在金国中央，废除部落联盟时的"国相"制，设立勃烈极四人，组成皇帝以下的最高统治机构。勃烈极的设置，保留了古老议事制的一些痕迹，但它实际上已是辅佐皇帝的统治机构，是全国最高的行政管理中枢。

全国军队仍由猛安谋克统领，但已打破了古老的部落、氏族组织，而成为由女真大小奴隶主统帅的军事编制。金太祖是金军最高统帅，遇有战争，皇帝直接任命大将为诸部统帅，指挥作战。

金太祖没有制定完整的法律，但在建国前后，陆续颁发了几项法令，旨在保护平民利益，以减少反抗，巩固奴隶主的利益。

随着国家的建立，文字成为必需，金太祖命完颜希尹创制女真文字，在1119年八月正式颁行。女真字的创制，是汉族、契丹和女真族文化交流的一个明显的事例。女真字颁行后，成为全国通用的文字。

作为女真奴隶主的总首领，阿骨打完成了建国、破辽两件大事，女真族的历史从此开始了一个新的时期。

西夏景宗李元昊

公元1003年，李元昊出生。李元昊小字嵬理，在西夏语中，"惜为嵬，富贵为理"。小时候，李元昊便很有见识，他的父亲有意地让他参与一些军机大事。长大后的他通晓汉、藩佛典与法律、占卜等，并精于军事谋略。他性格刚烈，早在他还是太子时候，他就对父亲李德明降宋称臣表示反感。但李德明自有他的想法，连续多年的征战，已经让党项人疲惫不堪，在这停止战争的30年来，党项人的生活有了很大的提高，他们不再身着皮毛，而是穿着宋朝的锦衣，他是对宋朝有着感恩的心情的。

但是李元昊不同，"衣皮毛，事畜牧，蕃性所使，英雄之生，当王霸耳，何锦衣为？"他对父亲的劝慰始终不能理解，虽然表面上他按部就班地听着父亲的话，但他自己也在暗地里做着准备。1032年李德明病逝，李元昊继任夏州主，他终于可以自作主张了。即位伊始，他便开始为建国称帝做准备。他首先去掉唐、宋所赐的李、赵姓氏，将党项皇室改为党项姓氏嵬，而且他还建立了新的官制体系。另外，他还开始用"兀卒"这一衔号。兀卒这个词，在党项语中相当于皇帝或可汗，汉语中将其解释为"青天子"，也就是青天之子的意思。他仿照宋朝官制设立中央政府机构，其分配的职责大多与宋朝相同。此外，他还下令区别文武官及百姓的服饰样式，彻底改革其所统治区内的传统风俗习惯。比如他颁布剃发令，使西夏地区百姓发式区别于汉族。据说，李元昊先自己剃发，然后下令全国人皆剃掉头发，如有三日之内没做到的，杀无赦。这期间，李元昊做了很多改革，他指令党项族学者创制了西夏文字。还组织人力将大量汉文和藏文文献翻译成新创的党项文字。后来，又设立蕃字、汉字二院，分别掌管与北宋及吐蕃、回鹘、张掖、交河等地来往的文书，真正以法律的形式确立了西夏文字在夏国文化中的地位。

李元昊半身像

进行完这一系列的改革之后,他开始不断攻城略地,扩大党项版图。1033年,他战胜吐蕃,把兴州升为兴庆府,扩建宫城殿宇,做立国的最后准备。1036年再攻回鹘,同年7月还攻占了宋朝的沙州(今甘肃敦煌)、瓜州(今甘肃安西东南)、肃州(今甘肃酒泉)。这时西夏已经控制了东到黄河、西界玉门、南接萧关、北控大漠;包括夏(今内蒙古乌审旗南)、银(今陕西横山东)、绥(今陕西绥德)、静(今宁夏银川南)、灵(今宁夏青铜峡东)、盐(今陕西定边)、会(今甘肃靖远)、甘(今甘肃张掖)、凉(今甘肃武威)、沙等州。1038年10月16日,李元昊称帝,建国号为大夏,历史上称其为西夏。

建国后,李元昊积极吸收汉族文化,网罗汉族失意知识分子,进一步完善了自己的统治机构。在行政组织上,分别有了汉制官职和党项官职。此外,他还筹建了一个庞大的军事系统,夏国实行全民兵役制,达到规定年龄的男子都要承担兵役。他设立了擒生军,用以在作战中掳掠人口做奴隶,装备特别精良,属于西夏的精锐部队。它的建立,使其皇室贵族拥有最强大的兵力,也使夏国拥有众多的国家奴隶,各部落首领无法与之抗衡。

1039年,李元昊态度强硬地要求宋朝承认西夏,遭到仁宗的拒绝,并下诏撤了李元昊的官职,在边境地区张榜捉拿他。西夏于是发兵攻打宋朝的延州。宋朝守将范雍不敢出战,李元昊派人诈降,使范雍放松戒备,乘机攻下了延州,打死宋军10000多人。宋仁宗撤了范雍的官职,命令范仲淹去延州加强防务。

范仲淹把延州的18000名士卒配给6名将领固定训练,又招集流亡人员,大兴屯田,修筑山寨,使历经战乱的边境人民得到了暂时的安定。公元1041年2月,李元昊又带领大军南侵。他看到延州力量较强,转攻韩琦管理的渭州。结果宋军死伤1万多名,好几名大将阵亡。韩琦和范仲淹也因此被贬。西夏军俘掠大批居民而回。宋朝在连续遭到失败之后,只好向西夏妥协,要求议和。1044年12月,双方达成协议。宋朝封李元昊为夏国王,宋朝以每年25500万的代价,换得西夏名义上对宋朝称臣。

李元昊率夏兵与宋作战的同时,与辽国的"甥舅之亲"也发生了问题,嫁给李元昊的辽国兴平公主突然病死,导致两国关系破裂。1044年10月,辽兴宗亲率骑兵10万向西夏进攻,双方战于贺兰山北。辽兵大败,俘虏辽将萧胡睹等数十人。辽兴宗败回,与夏谈和。

李元昊在分别与宋、辽议和后,形成了夏、宋、辽相互对峙的三足鼎立局面。

　　李元昊是个出色的政治家、军事家，他有治事的方略，也有铁腕和残暴的一面。人无完人，在那个皇帝可以任意而为的年代，他想娶多少个妻妾就有多少个。可李元昊这次要的人可不是别人，而是本来要给他做儿媳妇的没藏氏，称为"新皇后"，极尽宠爱。后来她为他生了个儿子，也就是后来的夏毅宗李谅祚。李元昊于是更加宠爱这个妃子，并将其兄封为国相。这没藏氏兄妹依仗自己得宠，便想废了太子宁令哥，立自己的儿子。

　　宁令哥更是因为父亲抢了自己的妻子而气愤难当，正好为没藏氏利用，因为杀了皇上的太子也就不可能再做太子，再加上被废去的皇后野利氏，一个是宁令哥羞愤在心，一个是野利氏悲愤填膺，母子俩一心伺机雪恨。1048年正月的一天，李元昊外出游猎。宁令哥以护卫侍候为名，身佩长剑，他看准了一个时机，突然拔出长剑朝李元昊的脑后劈去。李元昊躲避不及，被削掉了鼻子。他捂鼻呼救，随从闻声赶来，宁令哥只得逃遁。李元昊挣扎着骑马回宫，又惊又气，当天晚上就不治身亡。那一年，他42岁。

知识链接

辽的法典与文字

　　契丹族没有自己的成文法，阿保机即可汗位后仍然是"庶事草创，犯罪者量轻重决之。其后治诸弟逆党，权宜立法"。神册六年（921年），阿保机下令突吕不等撰"决狱法"。这是契丹族第一部成文法，也是辽朝最早的一部法典。

　　契丹族也没有自己的民族文字。神册五年（920年），在阿保机的主持下，契丹贵族知识分子突吕不、鲁不古以及一些汉族知识分子增损汉字，制成契丹文字。同时，阿保机的弟弟迭剌又以回鹘文为基础，创制契丹小字。契丹文字的创制是契丹历史上重大的事件，它是发展契丹文化和文明的重要条件，对后来西夏文字、女真文字也产生了重要的影响。

第三节
元代名帝

元太祖成吉思汗

成吉思汗（1162—1227年），名铁木真，蒙古族，出身于蒙古尼伦部孛儿只斤氏族一个贵族家庭。其曾祖父合不勒汗（汗，是古代北方民族最高统治者的称号）是蒙古尼伦部落的酋长。父亲也速该把阿秃儿（把阿秃儿，蒙古语是"勇士"的意思），因英勇善战，被拥戴为尼伦部首领。1162年，也速该征讨塔塔儿部，俘获其首领。在凯旋归来时，适逢妻子诃额仑生下一男孩。为了纪念这次作战的胜利，也速该就给这个男孩取名叫铁木真。

铁木真9岁时，父亲也速该被仇人毒死，他开始跟母亲艰难度日。后来在其父的"安答"克烈部首领脱里罕庇护下，收集了父亲离散旧部，实力逐渐强大起来。

1196年，铁木真和克烈部脱里汗出兵助金，于斡里札河（今蒙古东方省乌勒吉河）打败塔塔儿人。金国封授铁木真为察兀忽鲁（部长）官职，封脱里汗为王（脱里从此称王汗，语讹为汪罕）。

铁木真在部落征战中善于利用矛盾，纵横捭阖。一次，铁木真与王汗联兵攻打古出古·乃蛮部，回师途中又与乃蛮本部相遇。王汗见敌势盛，就不告而退，把铁木真留在乃蛮兵锋之下。铁木真发觉后，迅速撤兵，回到自己牧地撒里川（在今蒙古克鲁伦河上游之西），反而把王汗暴露在敌前，王汗大败。由于当时有许多蒙古部众在王汗处，铁木真怕他们被乃蛮吞并，对自己不利，便派称为四杰的博尔术、木华黎、博尔忽、赤老温领兵援救王汗，击退乃蛮。

为了能够逐渐脱离王汗，铁木真四处征战，先后和王汗消灭扎木和部、四部塔塔儿，并占领了呼伦贝尔高原。随着铁木真的实力不断增强，王汗产生了担心，于是在1203年首先对铁木真发起突然袭击，铁木真被打败而退居到哈勒哈河以北。但不久，铁木真乘王汗不备，奇袭王汗牙帐，取得大胜。同年，汪古部也归附铁木真。1204年，铁木真在消灭了乃蛮太阳汗的斡鲁朵后，成为蒙古高原最大的统治者。1206年，铁木真在斡难河（今蒙古鄂嫩河）源召开忽里勒台大会，即蒙古国大汗位，号成吉思汗。

铁木真称汗后，制定了军事、政治、法律等一系列制度，建立了军政合一的千户制，扩大直辖的护卫军（怯薛），设置必要的国家机构，由传统的草原贵族斡耳朵发展成为游牧军事封建国家，开始用畏兀儿字母记述蒙古语。

成吉思汗

蒙古汗国统一各部落后，大批原来的部落人口被分编在不同千户中，许多部落的界限逐渐泯灭，开始形成共同的蒙古民族。邻近的吉利吉思、畏兀儿、哈剌鲁等部，先后归附成吉思汗，实力更加强大。成吉思汗凭借其强大的武装力量和优越的军事组织，对外开始大规模的军事扩张，进行南下和西征。从1205年至1209年曾三次进军西夏，逼其纳女请和。1211年，率领大军攻金，野狐岭之役，消灭金军40万。1213年，缙山一战，金军精锐消耗殆尽。接着蒙古军又南出紫荆关，兵分三路横扫华北平原。至此，金朝已无力抵抗，1214年向成吉思汗献岐国公主，并给蒙古国大批金银珠宝。随后金宣宗从中都（今北京）逃迁南京（今河南开封）。1215年，蒙古军占领中都。1217年，成吉思汗封木华黎为太师、国王，专事攻金，自己则准备西征。

1218年，成吉思汗派大将哲别灭西辽。1219年，成吉思汗率20万大军西进。1220年攻克讹答剌城、不花剌、撒麻耳干（今乌兹别克撒马尔）、玉龙杰赤（今土库曼乌尔根奇），进入呼罗珊地区。1221年拖雷占领呼罗珊全境。1222年，在占领区置达鲁花赤监治。1223年，还撒野麻耳干驻冬，次年起程还国。

西征胜利后的蒙古国版图已扩展到中亚和斡罗思（后称俄罗斯）南部。成吉思汗将这一大片土地分封给长子术赤、次子察哈台、三子窝阔台，后发展成为钦察、察哈台、窝阔台三大汗国。1226年，成吉思汗出征西夏，于次年将西夏消灭。1227年夏历7月13日，成吉思汗病逝，享年66岁。

元世祖忽必烈

元世祖忽必烈出生于1215年，1260年即位，1294年病死，终年80岁，在位35年，年号中统、至元。

元世祖忽必烈在中国古代史上，是一个占有重要地位的皇帝。他在建立元朝、统一中国、改革体制等方面，表现了锐意进取的精神，为元朝的昌盛和发展做出了重要贡献。

忽必烈是拖雷的第4个儿子，是元宪宗蒙哥的弟弟。忽必烈的母亲庄圣太后，是个汉化较深的皇族妇女。她经常让汉族地主阶级知识分子到宫中去讲习故事。通过和这些人物的接触，对幼年的忽必烈产生了较大的影响。后来，随着年龄的增长，忽必烈便以唐太宗为楷模，密切地注视着政治势力的变化，积极创造条件，准备参与政治活动。当元宪宗蒙哥病死时（一说是其攻合州时死于乱军），忽必烈也没攻下鄂州（今湖北武昌）。这年的12月，在汉阳声援鄂州的南宋右丞相兼枢密使贾似道向忽必烈求和。恰在这时，忽必烈的妻子弘吉剌氏从开平派密使向忽必烈报告，说他的弟弟阿里不哥正策划继承汗位。忽必烈便采纳谋臣郝经"班师

忽必烈

议"的计策，遂与贾似道秘密媾和，而后急速罢兵北归，经燕京回开平，以谋取大汗位。

忽必烈在北归之前，曾先派廉希宪北上，以观时局变化，并命他代表忽必烈贿赂亲信，让他们伺机提出拥立忽必烈为大汗的建议。塔察儿接受了这个建议。1260年3月，忽必烈返回开平后，立即召集支持他的末哥、塔察儿、爪都等，举行忽里勒台（诸正大会），宣布继汗位。忽必烈即位后，以开平为上都、燕京为中都（后改为大都）。1271年（宋度宗咸淳七年，至元八年）11月，在进攻南宋取得了巨大胜利后，忽必烈又采取了一个重要措施，公开废弃"蒙古"国的称号，取《易经》"大哉乾元"之义，改国号为"大元"。这话的意思是物之所本，事之所始，"元"与"原"字义通。从此，蒙古王朝被称作元朝。

要治理国家，就要有治国的人才。元世祖就是一个重才治国的皇帝，早在1244年，忽必烈就派遣赵璧、许国桢首先去保州（今河北清苑县）聘请金朝状元王谔来元。王谔来后，忽必烈同他"朝夕接见，问对非一"。王谔将"修身、齐家、治国、平天下之道"，统统讲给忽必烈听。忽必烈深有感触地说："我今虽未能即汗，安知他日不能行之耶？"表明忽必烈早有统天下之志，十分注意积累治理国家的经验。蒙哥即位后，把漠南汉地委托给他管理。从此，忽必烈与各族地主阶级的有才之士进一步密切地联系起来。由于他积极网罗人才，像杨惟中、姚枢、郝经、王文统等汉族知识分子，都纷纷前来投靠。这些谋士对忽必烈建立元朝、统一中国和进行体制改革，都发挥了重大作用。如他即位后制定的"治国安民"的基本方略，就是由汉族地主阶级知识分子的谋士为他确立的，主要内容为：一为立法度，正纲纪；二是开言路，不以人废言；三是行仁政，改变屠城政策；四是精简机构，裁汰冗员；五是整顿和改革吏制；六是劝农桑、宽赋税、省徭役等。推行结果，"不及三年，号称大治"。

元世祖忽必烈即位后，更加注重用人才，且重真才实学，不搞论资排辈。中统四年，忽必烈破获了阿里不哥反叛集团，拘捕其党徒1000多人。他发现身边有一个叫安童的长宿卫很是聪明，又有才能，便想使用，但又没把握。于是，趁此机会，他想检验一下安童的见识如何，就有意对安童说："我想把这些人统统处死，你以为如何？"安童说："人各为其主。您刚得了天下，就因私仇大量杀人，将用什么去征服其他未归附的人呢？"忽必烈听了大喜，赞赏他说："你年纪这么轻，就能说出这种深谋远虑的话，实在叫人高兴！你的主张正与我不谋而合。"1265年8月，安童刚满18岁，就被任命为光禄大夫、中书右丞相。后来，安童守边10年，为元朝立下了赫赫战功，被加封为金紫光禄大夫。

忽必烈对中原封建王朝的治国经验很是欣赏，也很注意学习。1260年，他即位后，便决心附会汉法，进行体制改革。首先，他采纳大臣刘秉忠（汉人）的建议，建元纪岁，完成了从大蒙古国到元朝的嬗变。接着，他又根据刘秉忠的建议，按汉族王朝的组织形式，设中书省以总政务，设枢密院以掌兵权，设御史台以掌管司法。在军事上，他效仿汉、唐、宋的内重外轻之法，改革军事制度，抽调精锐，组成五卫亲军，以加强中央集权的力量，把镇戍军分为五类，分别负责镇戍全国各地，隶属于枢密院，而枢密院则直接对忽必烈负责。这样，就集中了全国军权于皇帝一人手中，有力地保证了中央集权的统治。此外，在进行政治、军事体制改革的同时，忽必烈还对生产关系进行了调整，如重农桑。他即位之初，就首诏天下，"国以民为本，民以食为本"，要国人"崇本抑末"。此后，又多次下诏颁布法令，鼓励和指导农业生产。尔后，他又通过建立整顿户籍和赋役制度，改变了元初取民未有定制的局面。这些，都在一定程度上减轻了人民负担，促进了社会经济的恢复和发展，使元朝成为当时世界上最昌盛的国家。

忽必烈即位后，遇到的较大叛乱，就是李璮之叛和海都、乃颜之乱。

李璮是金末红袄军领袖李全的儿子。李全以投降蒙古，换取了"山东淮南行省"的官职。1230年10月，李全发兵袭击南宋的扬州，第二年战败而死。他的儿子李璮承袭益都行省的官职。从那以后，李璮在山东擅权达30年之久。他和他的父亲一样，或假名攻宋，向蒙古要粮要官，或联宋反蒙，以安边境；但是，他真正的目的就是要把山东变成他割据一方的独立王国。忽必烈称帝不久，加封李璮为江淮大都督。李璮乘机谎报敌情，大修益都城堡，骗取赐银、军饷、军械。这时，他的岳父王文统已当上了中书平章政事。于是，他们内外勾结，互为表里，选择时机，准备叛乱。1262年（中统三年）2月，李璮乘阿里不哥的叛乱尚未平定，以为时机已到，就攻占益都、济南，发动武装叛乱。他将涟（今江苏涟水）、海（今江苏连云港）等州献给南宋，南宋封他为保信宁武军节度使。其实，这是李璮害怕蒙、宋联合夹攻所耍的花招。为了壮大叛乱力量，李璮四处联络汉族地主武装，但几乎无人响应，叛乱势力十分孤立。

当忽必烈得知李璮叛乱的消息，立即派人杀了王文统，并命诸王合必赤总督河南、河北、山东各地的蒙古军、汉军，围攻济南。困守在济南的李璮无计可施，被迫投大明湖自杀，由于水浅未死，后被俘杀死。

继李璮叛乱之后，另一个叛乱者，就是窝阔台的孙子海都。海都因父亲合失未能继承汗位，自己要求袭汗位未成，一直心怀不满。但苦于兵力不足，只好等待时机。当阿里不哥争夺汗位失败后，他便勾结术赤的后裔诸王，占有窝阔台汗国封地，组织叛军，企图南下。忽必烈为了阻止海都势力的扩张，封八剌为察合台汗国之汗，以争取察合台汗国服从中央，夹击海都。海都被察合台汗国军队在锡尔河击败后，又联合术赤后王忙哥帖木儿击败八剌。八剌死后，1272年（至元九年），海都立八剌儿子笃哇为汗。从此，海都又与笃哇勾结在一起，在西北地区不断骚扰。恰在这时，早与海都勾结的东北蕃王帖木格斡赤斤的后裔乃颜，立即纠集合撒儿后王势都儿、合赤温后裔哈丹等也发动叛乱，海都闻讯后，答允率领10万军队与其会合。忽必烈一面让伯颜驻军和林，防止海都东来；一面派军镇压乃颜。第二年，乃颜被俘，忽必烈将他处死，1288年（至元二十五年），忽必烈命皇孙铁穆耳率军镇压哈丹，哈丹逃往高丽。后来，在高丽军民的配合下，哈丹兵败自杀。

当忽必烈镇压东北叛乱的诸王时，海都、笃哇等又气焰嚣张起来。1289年（至元二十六年），74岁高龄的忽必烈决定亲征叛乱。海都听说忽必烈亲征，吓得急忙逃遁，忽必烈随命伯颜负责西北军事。

忽必烈在位30多年中，与分裂割据势力和叛乱势力进行了十分激烈的斗争。通过在军事上对叛乱势力的坚决镇压，对巩固元代多民族国家的统一起了很大作用。

北方政局稳定后，忽必烈决心消灭南宋，统一全国。他采用南宋降将刘整的建议，把攻击目标直指襄阳。这是南宋防御蒙古最主要的据点。1268年，忽必烈命阿术、刘整督师，围困隔汉水相望的襄、樊重镇。襄、樊军民坚守6年，到1273年（至元十年）初，蒙军攻下两城。襄、樊失守后，等于打开了南宋的北大门。第二年六月，忽必烈命伯颜督诸军，分两路大举南进。一路以合答为主帅，刘整为先锋，进攻淮西、淮东，直下扬州；一路由伯颜、阿术率领，吕文焕为先锋，沿汉水入长江，沿江而下，直趋南宋都城临安。长

江两岸的宋军毫无斗志，纷纷不战而降。1275年秋，伯颜从建康、镇江一线分兵三路包围南宋都城临安。元军进逼临安，谢太后（理宗后）下诏勤王，可是各地官员响应的很少，只有赣州（今江西赣州）知州文天祥和鄂州守将张世杰率兵入卫临安。由于投降派陈宜中的主和、逃跑，临安难以维持。在1276年（元至元十三年，南宋恭帝赵㬎德祐二年）正月，元军进入临安。谢太后抱着4岁的赵㬎投降，南宋宣告灭亡。

1279年（元至元十六年、南宋帝昺祥兴二年）二月，元朝水军在崖山海中发起总攻，南宋水军大败。陆秀夫抱赵昺投海，张世杰突围遇大风，船覆没水淹死，南宋残余的力量，至此全部被消灭。忽必烈实现了全国大统一。

忽必烈建元统一，改革国制，这是他的主要功绩。但在后期，他思想日趋保守，特别是到了晚年，更加嗜利敛财，迭任贪婪，屡兴师徒，淫乱宫闱，造成了内部矛盾的加剧，使改革停顿，人才离散。

1294年（元至元三十一年）正月，80岁的元世祖忽必烈去世了。因皇太子真金先死，由皇孙铁穆耳于上都即位，这就是元成宗。

元成宗　铁穆耳

元成宗（1265—1307年），名孛儿只斤铁穆耳，元世祖忽必烈的孙子，他的父亲真金（忽必烈次子，于1273年被立为皇太子）在被立为太子后，与忽必烈关系不和惧急成病而死，母亲伯蓝也怯赤（阔阔真）。

铁穆耳自小受到父亲真金的熏陶，爱好儒学。真金对忽必烈起用"理财"重臣阿合马、卢世荣等人深感不满，所以就与父亲忽必烈矛盾加深，1285年，有一御史奏请忽必烈内禅于太子真金，而正在此时又有人乘机陷害太子阴谋夺位，忽必烈听后大怒，他也没有调查是否真实，就责骂了真金，并想废除他。真金被人冤枉后，感到实在委屈，忧郁而死。忽必烈在得知冤枉太子致使其死亡后，悲痛至极，但为时已晚。

失去儿子的痛苦，使老年的忽必烈对选择继承人更加谨慎。直到1293年才正式册封孙子铁穆耳为"皇太孙"。为了培养铁穆耳的各方面才能，忽必烈让他统兵讨伐叛王哈丹，接着又派他镇守蒙古汗国故都哈刺和林（今蒙古国后杭爱省额尔德尼召北），掌管北方防务。同时派开国四杰之一博尔术之孙、御史大夫玉昔帖木儿做他的助手。在玉昔帖木儿请求之下，忽必烈将原来属于真金的印玺皇太子宝授给铁穆耳，间接表明了传位给他的意图。铁穆耳在东北与和林的经历，使他与精锐的北方驻军结下了特殊关系。这一关系成为他和他的后裔登上帝位的重要保证。

1294年正月，忽必烈病逝，伯颜遵照忽必烈遗命派使者接回了铁穆耳。当时各宗室诸王准备议立新君。然而铁穆耳有两个哥哥，除了二哥答剌麻八剌去世外，大哥甘麻剌常年在漠北领兵，镇守要塞，而立谁为大汗成为各位大臣争论的焦点。有人支持立甘麻剌为汗，因为甘麻剌拥有较强的兵权。而许多大臣支持立铁穆耳为汗。正当兄弟二人相持不下时，他们的母亲伯蓝也怯赤倾向着幼子铁穆耳，她找到权臣玉昔帖木儿和伯颜商量后，决定拥立铁穆耳。同年四月，由伯蓝也怯赤主持忽里勒台大会，甘麻剌不得不支持其弟为新皇，自己仍然领兵镇守漠北。

铁穆耳即位后，遵循忽必烈所定的法度，坚持"守成"之政。同时，他起用元世祖晚年重用的中书右丞相完泽和平章政事不忽木，对辅佐他登基的伯颜和玉昔帖木儿分别授予太傅、太师之职。此外，又任用蒙、汉儒臣。还下诏崇拜孔子，建孔子庙学。还于至元三十一年（1294年）六月，他下诏减免所在年的包银、俸钞，以及内郡地税和江淮以南州县当年的一半夏税。后来又多次减免税收，其中规模较大的是元贞元年（1295年）免除本年五月以前积欠的钱粮。他还在水旱成灾时，下诏减免受灾郡县当年田租的十分之三，受灾严重的地区全部减免，老弱残疾及人丁稀少的民户免除三年差税。同时，停止了当年的一切土木工程。这些措施减轻了民众的负担，同时鼓励农桑，发展生产。

为了使社会经济有一个安定正常的发展空间，成宗一即位就下诏停止远征安南（越南中北部古国），并宽宥了其抗命之罪，释放被扣押的安南使节，还于1297年册封普哇拿阿迪提

铁穆耳

牙为缅甸国王，并在缅甸、云南开辟驿路；又遣补陀寺和尚宁一山出使日本，以此来缓和与周边各国的关系。他还对待贵族官僚采取了恩威并施的政策，一方面多次赏赐诸王、公主、驸马，增加官员俸禄；一方面力行整顿吏治，约束权贵。

对于诸王叛乱，铁穆耳也是积极进行平实，他先后派出叔父阔阔出、驸马阔里吉思、侄子海山等人驻防西北，以抵御叛军。他于1301年，命令海山率军与海都、笃哇联军大战于金山之东的铁坚古山，致使海都大败后忧郁而死，他的儿子察八儿最后投降朝廷。40年之久的皇室内争从此结束。

1301年，铁穆耳派荆湖占城的行省左丞刘深用兵西南，征讨八百媳妇（今泰国北部等地），刘深所到之处，残杀百姓，烧杀抢掠，无恶不作，很快激起了以土官宋隆济和彝族女首领蛇节为首的西南少数民族起义，他们围困住了贵州城，并杀死元朝的官吏。铁穆耳得知后急忙派军镇压，最后终于平定了叛乱，但却损耗了元朝的大量人力和物力。

铁穆耳到了晚年，还大肆对诸王、驸马赏赐，致使国家财政空虚，危机重重。加上政府机构膨胀，仅京城靠吃俸禄为生者即超过1万人，地方上则更多，官员营私舞弊，无恶不作，贪污受贿之风弥漫朝中。再加上他晚年生病，不理朝政，致使皇后与中书右丞相分别掌权，使得朝政混乱。铁穆耳母亲还曾驱使大量民工修筑五台山佛寺（今山西五台县东北），使得人民生活处于水深火热之中，朝政日益衰败。1307年，铁穆耳病重，不久便病死，享年43岁。

知识链接

元的行省制度

将省作为行政区划的名称始于元代。

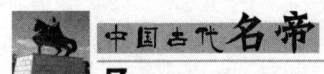

元世祖忽必烈统一中国以后，整顿中央和地方的行政机构，创立了行省制度。在中央设中书省，它不仅统管全国行政，还直辖大都附近的河北、山东等地区。在地方则设行中书省，置丞相、平章政事、左右丞、参知政事等官职，总揽该地区的政务。当时全国共有河南、江浙、湖广、陕西、岭北、辽阳、四川、甘肃、云南、江西等11个行中书省。这是地方最高行政区划。

行中书省简称"行省"或"省"。元代的11个行省划分，成为后来我国行政省区的雏形。

第六章

明清时期的名帝

自明太祖朱元璋开始,明朝便竭力推行加强中央集权的方针和政策,如废除丞相、创设内阁大学士、改行省为三司、重用厂卫特务等,从而使君权达到了前所未有的高度,社会经济也获得极大的发展。

"土木之变"后,国势由盛转衰,宦官长期干政。明末,内外矛盾激化,明朝被农民战争灭亡。明朝传16帝。

清朝是中国封建社会最后一个朝代,由满族贵族建立。1616年,努尔哈赤建立后金。1636年,皇太极改国号为清。1644年,多尔衮迎顺治帝入关,定都北京。清廷先后镇压了各地的农民起义和南明抗清武装,逐步统一了全国。

清中叶以后,由于承平日久,各种社会矛盾日益暴露,反清斗争接连不断。1840年的鸦片战争和此后帝国主义的入侵,使中国逐步沦为半殖民地半封建社会。

1911年,辛亥革命爆发,清朝被推翻,从此结束了中国2000多年来的封建帝制,中国历史进入了一个崭新的篇章。清代自入关后,共历10帝,268年。

第一节
明代名帝

明太祖朱元璋

朱元璋原名重八，又名兴宗，字国瑞，濠州钟离太平乡（今安徽凤阳东）人。他生于1328年，死于1398年。他是我国古代史上继刘邦之后，又一个布衣出身的开国君主，也是我国封建社会后期一位有作为的皇帝。

朱元璋的祖籍是江苏沛县，到他父亲这一辈才定居在濠州钟离太平乡。朱元璋祖祖辈辈都是农民。他父亲朱五四，勤劳厚道，终生为地主开垦荒地，到头来自己却地无一垄。朱元璋童年时，也读过几天私塾，不久就辍学放牧，开始养家糊口。

1344年，淮北地区遭受百年不遇的旱灾和蝗灾，庄稼颗粒无收。接着又遇瘟疫，死人无数。朱元璋的父母兄长不到半个月都一一病亡，阖家只剩下17岁的朱元璋。朱元璋草草掩埋了亲人，为了活命，投到皇觉寺当了一个小行童。可是不到两个月，寺院也没了粮食，住持又把朱元璋和他的师兄们打发出去云游四方，化缘为生。朱元璋在这4年中，走遍了安徽和河南交界的许多地方，风餐露宿，吃尽了人间的苦，但也增长了阅历，积累了丰富的地理知识。1348年，朱元璋又回到皇觉寺。

1351年，刘福通在颍州发动起义，元末农民战争爆发了。靳州的徐寿辉、濠州的郭子兴都起兵响应。朱元璋投奔了郭子兴的起义军。这一年，朱元璋24岁，不久被郭子兴收为亲兵，并提拔他为亲兵的小头目（九夫长）。朱元璋精明能干，在士兵中威信很高，在战斗中屡立战功。于是，得到郭子兴的赏识和重用，郭子兴将自己的干女儿马氏嫁给了朱元璋。

第六章 明清时期的名帝

不久，朱元璋率军攻下定远，冯国用、冯国胜率军前来投奔朱元璋。朱元璋见他们兄弟二人谈吐不俗，就向他们请教安天下的大计。当朱元璋率军向滁州进军时，军中又来了一个知识分子，他就是定远人李善长。朱元璋向他请教，李善长建议朱元璋以刘邦为榜样。李善长说，刘邦为人豁达大度，知人善用，不乱杀人，五年而成帝业。朱元璋认为他讲得很对，也把他留在身边，参与机务。

为了"得民心"，朱元璋开始整顿队伍，加强军纪，以使自己的队伍成为一支"仁义之师"。当他的部队攻下和县后，将士们还像往常一样掠人妻女，抢劫财货。朱元璋很生气，召集诸将，申明军纪，下令将掠来的妇女全部释放。从此以后，每攻下一城，朱元璋都要张贴安民告示，重申军纪；并派执法队沿街巡逻，遇有违反军纪、掠夺扰民者，格杀勿论。这样，朱元璋的队伍军纪严明、爱护百姓远近闻名，不少人慕名前来投奔。不少城池等大军一到，举城归顺。

为了加强纪律性、提高战斗力，朱元璋治军极严，有功必赏、有过必罚。

1355年，郭子兴病故，小明王韩林儿任命郭子兴的儿子郭天叙为都元帅，朱元璋为左副元帅。不久，郭天叙和另一名副元帅双双战死，小明王就封朱元璋为大元帅。郭子兴的旧部全归朱元璋指挥。

从1358年开始，朱元璋集中兵力向浙西、浙东进军，消灭该地孤立无援的元军，巩固和扩大了自己的根据地。特别是浙东的攻取，不仅使朱元璋得到了一块土地肥沃、人口稠密的地方，而且解除了朱元璋和其他割据势力决战时的后顾之忧。1359年，小明王任命朱元璋为江南等处行中书省左丞相。

随着势力的增强，朱元璋和陈友谅、张士诚这两股割据势力的矛盾越来越尖锐。他们之间的兼并势在必行。

陈友谅原系徐寿辉的部将，逐渐挟持了徐寿辉，成为割据两湖、江西和皖南的强大军事力量。1360年，陈友谅攻下太平和采石后，踌躇满志，杀死徐寿辉，自己称帝，国号汉。他联络张士诚，进攻应天。

朱元璋料定张士诚不会出兵，就集中力量应付顺流而下的陈友谅。消灭了实力最强、野心最大的陈友谅，朱元璋就全力攻打张士诚。张士诚原是一个私盐贩子，乘元末大乱聚众起兵，占有淮水下游、江苏东部和浙江北部，1363年称王，以平江（今江苏苏州）为都。张士诚起兵后，对元朝降了又叛，反复无常。他本人既无大志，又乏远见，只图保住一块地盘，好好享乐。

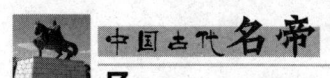

朱元璋在1365年10月，派大将徐达、常遇春率师讨伐张士诚。1366年年底，朱元璋借口从滁州迎小明王到应天，在瓜洲凿船沉小明王于江中。同年年底，徐达、常遇春已分别攻下湖州、杭州诸地。1367年，进围苏州，城陷，张士诚被俘，在应天被乱棒打死。

接着，朱元璋又派兵消灭割据浙江沿海的方国珍，第二年又分兵三路直取福建，消灭了元朝平章陈友定，并乘胜克服两广，从而平定了南方广大地域。1367年10月，在出击浙东的同时，派徐达、常遇春率师北伐中原。1368年，北伐军按原定计划夺取河南、山东，然后沿运河由山东北上，直逼通州，进围大都。1368年8月2日，元顺帝弃城逃往上都，元朝灭亡。到1370年，北方各省也基本平定。1371年，朱元璋派遣水陆两路大军，进攻盘踞四川的夏政权。夏主明升（明玉珍之子）投降，全川迅速被平定。1381年，朱元璋又派兵进攻云南，第二年云南平定。1387年，明军进军辽东，辽河流域全部平定。至此，统一大业基本完成。

1368年正月，在北伐胜利进军的凯歌声中，朱元璋在应天正式登上皇帝的宝座，国号大明，建元洪武，改应天为南京。

朱元璋经过十几年的艰苦奋战，取得了君临天下的最高权力。但是，如何保住皇帝的宝座，让朱家王朝世代相传，这却使朱元璋煞费了一番苦心。朱元璋采取了一系列措施，强化专制主义的中央集权制度。

三司分治，权归中央。洪武初年，地方政权机构的设置仍沿袭元朝的制度，即设行中书省。行中书省位重权大，容易形成枝强干弱、地方专横跋扈的局面。1376年，朱元璋把行中书省改为承宣布政使司，简称布政司，设左、右布政使各一人。布政使是中央派驻地方的使臣，负责宣传和执行朝廷的政令，其权力范围只限于民政和财政，并且事事都得秉承朝廷的意旨。和布政司平行的有提刑按察使司、都指挥使司。提刑按察使司，简称按察司，长官为按察使，掌管地方的司法。都指挥使司，简称为都司，长官为都指挥使，掌管一地的军政。三个机构合称为三司，彼此互不统辖，都直接听命于朝廷。这一改革把行中书省的权力一分为三，并且使三司互相牵制，达到了朝廷收回大权的目的。

废中书，罢丞相。洪武初年，中央政府机构也是沿袭元制，设中书省。中书省总管天下政事，丞相统率百官，对政务有决策的权力，只对皇帝负责。本来，丞相是辅助皇帝处理政事的，但如果权力过大，便容易造成皇帝大权旁落，酿成君权与相权的矛盾对立。1373年，胡惟庸任丞相。胡惟庸结党营私、独断专行，和朱元璋的矛盾越来越尖锐。1380年，朱元璋下令废中书省，不设丞相，提高中书省属下的吏、户、礼、兵、刑、工六部的地位，使六部分理朝政。各部尚书直接对皇帝负责，奉行皇帝的命令，六部分任而无总揽之权，政务由皇帝亲裁。朱元璋实际上是皇帝兼行宰相的职权，封建中央集权制发展到了高峰，他也成为历史上权力最大的君主之一。

将不专军，军不私将。洪武初年，中央军事机关为大都督府。朱元璋任命自己的侄儿朱文正为大都督，是全国最高的军事长官。大都督府统领全国都司和卫所的军队。后来，朱元璋觉得大都督府权力太大了，就在废中书省时把大都督府一分为五，设立左、右、中、前、后五军都督府，各都督府分别管领各所属的都司、卫所。各府的长官为左右都督，掌管府事。都督府和兵部既互相配合，又互相牵制。都督府只管军籍、军政，没有指挥和统率军队的权力。兵部虽有颁发军令、铨选军官之权，却也不能直接指挥和统率军队。遇有战事，由皇帝做出决定，兵部颁发调兵命令，军事统帅由皇帝亲自任命，然后统帅从各卫所调来的军队进行作战。战事结束，军归卫所，主帅还印。这一制度使总指挥权和统帅任命权操在皇帝手中，而军籍、军政的管理和军队的调发指挥权限又分离开，将不专军，军不私将。这样，就避免了悍将跋扈、骄兵叛变的弊端。更重要的是皇帝牢牢控制住军权，增强了封建王朝对全国人民的统治力量。

设锦衣卫特务机构。锦衣卫原为皇帝的亲军侍卫，初名仪鸾司，不过是替皇帝掌理仪仗的机构。1382年，才改称"锦衣卫亲军指挥司"，成为奉皇帝命令查办各种案件的特务机构，用以监视臣民、镇压臣民的反抗。

大兴文字狱和八股取士。朱元璋因为自己出身"微贱"怕文人傲慢不服，便不断制造罪名，大兴文字狱，把他们杀害。

明王朝建立后，朱元璋袭用唐宋科举考试的办法选拔官吏。后来曾一度"罢科举不用"。1382年又恢复科举。1384年，重新颁布科举条例，对科举的意义、要求以及时间、次序、内容、生员、答卷的文体都作了明确而严格的规定，从而使科举制度臻于完备。

参加科举考试的生员的答卷，其行文格式有严格的规定，这就是通常所说的"八股文"。"八股文"形式死板，内容空洞，陈陈相因，千篇一律。八股取士使读书人只知埋头攻读经书，不讲求实际学问。考中做官的，大多成

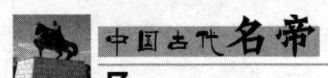

为皇帝的忠顺奴仆。

明王朝禁蓄奴婢、限制僧尼的目的是使封建政府控制更多的纳税和服役人口。它在客观上也使社会生产增加了一支庞大的劳动力量，有利于社会经济的恢复和发展。

建国第一年，朱元璋就颁布诏书明令天下，田主在战争中遗下的荒芜土地经他人垦为熟地的，归垦荒者所有；如果田主回到乡里，由政府在附近拨给同样面积的荒地。对于其他荒地鼓励农民尽力开垦，垦出的土地承认为垦荒者的业产，而且免征3年田赋，个别地区甚至对额外开垦的永不收税。总之，尽量使抛荒的土地都得到垦植。

鼓励种植经济作物。洪武元年（1368年），朱元璋下令：农民凡有田五亩到十亩的，必须种桑、麻、棉各半亩；有地十亩以上的，种植面积按比例递增。政府对此进行收税，每亩麻收八两，棉花征四两，桑树四年后才起征。不种桑必须交绢一匹，不种麻和棉的交麻布或棉布一匹。这是用行政命令强制推广植桑、麻、棉。经朱元璋这一推广，植棉从此成为全国性的事业，棉布成为人民的主要衣着原料。此外，朱元璋还提高了手工业者的社会地位，为明代手工业的发展创造了条件。

提倡节俭，严惩贪贿。朱元璋出身贫苦，深知物力的艰难，因此，在称王称帝后提倡节俭，自己生活也比较朴素。他自己用的车舆器具、服用等物，按惯例该用金饰的，他都下令以铜代替。

为了使老百姓有休养生息的机会，朱元璋对贪官污吏严刑惩治。1369年，他制定律令：官吏受贿枉法者，赃一贯以下杖刑七十，每五贯加一等，至八十贯绞；监守自盗仓库钱粮等物者，赃一贯以下杖刑八十，至四十贯斩。官吏凡是贪污至六十两银子以上的枭首示众，并处以剥皮之刑。

朱元璋的这些政策措施，究其真正目的，是养鸡下卵，追求长治久安。但毕竟是比较有政治远见的政策，而且它在客观上也多少限制了封建官僚对百姓的敲诈勒索，减轻了一点人民的负担，有利于经济的恢复和发展。

明成祖朱棣

朱棣（1360—1424年），明太祖朱元璋的第四个儿子。洪武三年（1370年）封为燕王。洪武十三年（1380年）受命到封地北平（今北京）。燕地与蒙古接壤，朱棣经常奉命出塞巡察边防，筑城屯田，多有建树。后来，又屡次率诸将击败元蒙残余势力，威名大振。

洪武三十一年（1398年），朱元璋去世，朱允炆继皇位。朱允炆听从臣僚们的建议，准备采取果断措施，实施"削藩"计划。兵部尚书齐泰主张应以迅雷不及掩耳之势，先除掉威胁最大的燕王；太常寺卿黄子澄则认为朱棣统有重兵，居于北平，轻易废黜，恐有风险，主张先削除周王等人，剪除朱棣的羽翼，一举两得。朱允炆采纳了黄子澄的建议，削藩从内地诸王开始。第二年，朱允炆改元建文，准备开始对燕王等边镇藩王下手。

朱棣面对诸弟被废，自己也难逃厄运的严峻形势，便借朝贺改元之机，带领世子朱高炽等三子，亲往南京，密察虚实，以谋对策。建文元年（1399年）六月，燕山护卫百户倪谅告发燕王府官校于谅、周铎等人谋反。建文帝将二人逮至京师杀害，并下诏谴责燕王。朱棣公开宣布起事。他接受谋臣们的建议，以诛齐泰、黄子澄等"奸臣"为名，打出"清君侧"大旗，誓师进京"靖难"。后干脆去建文年号，仍称洪武三十二年，署官属。

建文四年（1402年）四月，燕军攻打灵壁，遭到徐辉祖部的强有力抵抗，不得前进。而在此关键时刻，建文帝误信讹言，撤回徐辉祖，致使士气顿时瓦解，降者数万人，燕军大胜。这是一场关键战役，燕军从此乘胜南下，势如破竹，一举攻克扬州、高邮、通州、泰州，陈兵江北。该年六月，朱棣拒绝建文帝的割地和议，挡回庆成郡主、诸王等贵戚的游说，一举攻破南京城。建文王朝覆灭，建文帝在宫中自焚而死（一说化装成僧人逃走）。一场持续4年的皇位争夺战，至此结束。

朱棣进入南京后，大肆杀戮，进行报复。齐泰、黄子澄等50多位建文帝近臣惨遭杀害，灭族、株连处死者达数万人，称之为"瓜蔓抄"。名儒方孝孺因拒绝草诏，大骂朝堂，被凌迟处死。朱棣在血腥的屠杀中登上了皇帝宝座。诏令第二年（1403年）改元永乐，并改北平为北京。

明成祖朱棣

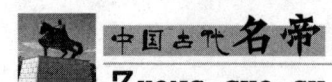

从此，大明王朝又有了一位于战火中成长起来的铁血雄主。

朱棣以马上得天下，于血与火中建立起永乐政权。他崇尚的是强权与武力，将明太祖奠定的封建专制主义中央集权政治又推进了一步。而后世侈言大明国威，亦不得不归功于永乐王朝。

还得削藩。朱棣是"过来人"，最知藩王对朝廷的危害。他并未因建文帝削藩失败而放弃此举。朱棣先后把受封在北方的诸王迁徙到南方，有的被废为庶人，如徙谷王于长沙，徙宁王于南昌，削去代王、辽王的护卫等。朱棣不同于建文帝的文弱与寡断，有威有谋，削藩有方。从此，诸王的帝国之梦难以轻圆，原先拥有的部分军政大权再度集中到皇帝之手。

确立内阁体制，加强皇权。朱棣亲自从官僚中选拔干才充作自己的顾问，协助办理政事。任命解缙、胡广、黄淮、杨度、杨士奇、杨荣等入值文渊阁，参与机务。同时，朱棣又重用司礼监宦官，授予其"出使、专征、监军、分镇、刺官民隐事"等大权，使其与内阁的权势相抗衡，而最后的决断属于圣裁。

永乐四年（1406年），朱棣即下令筹建北京宫殿，并重新改造整个北京城。工程历时13年，耗费难以数计的人力、财力，终于在永乐十八年（1420年）十二月竣工。朱棣又加紧疏浚南北大运河，使每年漕运量达到300余万石，保证南粮北运，供给国用。在这一系列配套措施准备就绪后，永乐十九年（1421年）正月，朱棣下诏正式迁都北京，改称京师；以南京为"留都"，同样设立一套政府机构，但诸司印信全部移至北京。北京从此成为明朝的首都，全国政治、军事、经济和文化的中心。

郑和下西洋乃永乐朝的一桩盛事。永乐三年（1405年），朱棣即派亲信太监郑和率领水手、官兵等27800多人，分乘宝船62艘，满载商品、礼品及日常用品，远航西洋（当时泛指我国南海以西的海洋）。朱棣之所以派遣郑和下西洋，众说纷纭，莫衷一是。有的说是朱棣怀疑建文帝并未自焚，逃亡海外，故而觅其行迹，同时也想"耀兵异域，示中国富强"；有的说是朱棣想打通中西大陆的海上通道；有的说是朱棣想搜寻海外的奇珍异宝，所以有"西洋取宝船"之称。看来，朱棣派郑和下西洋，有其政治上的考虑：扩大政治影响与镇抚亡命海外的臣民。不论是何目的，此举在客观上扩大了中国与亚非诸国的经济、文化交流，增进了友谊。它也是世界航海史上的一次创举。

郑和七下西洋，即以宣德八年（1433年）最后一次航行时间计，也要比世界著名航海家哥伦布、华斯哥·达伽马发现新航路，还要早半个世纪。

永乐元年（1403年）七月，登基不久的朱棣就下旨让翰林院侍读学士解缙组织一批儒士，编纂一部百科全书式的大类书供检阅之用。还交代主编者"勿厌浩繁"，尽量网罗"凡书契以来经史百家书，至于天文、地志、阴阳、医卜、僧道、技艺之言"。中间又增派太子少师姚广孝、刑部侍郎刘季篪加盟主持，参加工作的儒士前后多达3000余人。到永乐五年（1407年）十一月，全书编成，共22937卷，110095册，收存历代重要典籍多达8000余种，约3亿7千万字，这即是举世闻名的《永乐大典》。

永乐元年（1403年），朱棣诏令在今东北地区设置了建州卫和兀者卫，二年（1404年）设置奴儿干卫，七年（1409年）又设置奴儿干都司，并建有通往内地的驿站及小城镇。这对东北地区的开发起了很大作用。

当时蒙古地区分为鞑靼、瓦剌和兀良哈三大部。朱棣采取拉拢与打击的两手政策，秉着"分则易治，合则难图"的原则，各个击破，使其相互制衡，于动态中保持边境的安宁。

朱棣先是结好兀良哈部，封赏瓦剌的首领，许其入贡互市，削弱和牵制东蒙古势力。当鞑靼与明朝为敌时，朱棣于永乐八年（1410年）亲率50万大军北征，大败鞑靼。后来瓦剌又强盛起来，攻打已投降明朝的鞑靼余部阿鲁台。朱棣又转而支持阿鲁台，封其为和林王，并于永乐十二年（1414年）又再次亲征，在忽兰忽失温（今蒙古国乌兰巴托）大败瓦剌部主力军。其后阿鲁台又强盛起来，反叛明朝。朱棣转而扶持瓦剌，使其与之抗衡，并于永乐二十年（1422年）、二十二年（1424年）连续三次亲征，将阿鲁台赶到漠北深处。自永乐八年至二十二年，朱棣先后五次亲征出塞，有效地防御和打击了蒙古贵族的侵扰破坏，保障了边境的安全，促进了社会经济的恢复和发展。

在永乐二十二年的第五次远征蒙古的归途中，朱棣染上重病，于该年七月，不治而死于榆木川（今内蒙古多伦西北）。谥孝文皇帝，后改谥成祖。朱棣毕生戎马倥偬，修文兴邦，堪称有为之君。

明英宗朱祁镇

明英宗（1427—1464年），名祁镇，宣宗的长子。宣德十年（1435年）

正月，宣宗皇帝朱瞻基去世，9岁的太子登基，史称"明英宗"，年号正统。

明英宗即位初期，国家相对比较安定，社会经济也有所发展。但因为后宫宦官势力急剧上升，著名的大太监王振成为正统朝宦官专政的代表，英宗对他言听计从，他也开始利用皇帝对他的宠信，排除异己，树立朋党，使得好多忠臣良将相继被害，国家顿时陷入了政治腐败、土地兼并的严重状态。

由于朝廷的腐败，国内起义不断，而这时的蒙古（北元）在漠北的势力已经一分为二，成为瓦剌与鞑靼两个部落。为了争夺地盘，两个部落互相征伐，到了明英宗时期，瓦剌强大了起来，并不断骚扰明朝的北边，瓦剌部当时的实权掌握在太师也先的手里，他经常派人以向朝廷进贡为名，骗取赏赐，因为当时明朝对进贡国家的使者，无论贡品如何，总要有非常丰厚的赏赐，而且是按人头派发。也先也是看中了这一点，派出的使臣不断增加，最后竟加到3000多人。王振对此忍无可忍，下令减少赏赐，也先以此为名对明朝发动了战争。

英宗当时年少气盛，在听到也先发动战争后很想御驾亲征，王振也想耀武扬威，名留青史，于是极力撺掇英宗皇帝亲征。但是由于当时明廷的主力都在外地作战，一时难以调回，因此朝中大臣都劝阻英宗不要亲征。英宗态度坚决，不听劝阻，从京师附近临时拼凑了50万大军，亲自率领出征。不巧的是，正好赶上了连天大雨，加之粮饷接济不上，军队的士气非常低下。当行到大同附近时，又看见了被也先杀的尸横遍野明军的尸体，士兵们的士气更加低沉，英宗和王振决定撤军。当大军来到怀来城外的土木堡（今河北省怀来县以东20里处）时，被也先军赶上。他们先切断了明军的水源，将明军困死原地。也先假意议和，趁明军不备，发动总攻。明军全军覆没，英宗被俘，王振被明将樊忠杀死。这就是历史上著名的土木之变。

英宗被俘后，明王朝已处于群龙无首的状态。为了使国家安定，皇后与朝廷重臣经过商议立成王朱祁钰为帝，年号景泰，朝廷上下因此都安定了下来。也先率领瓦剌精锐骑兵杀奔北京，明朝方面早已做好了准备，北京军民在兵部尚书于谦的带领下给也先军以沉重的打击，也先率队败回蒙古。

本来也先想通过战争获得利益，但在与北京军民的战斗中，他不但损失了好多兵将，而且失去了明朝的赏赐和与明朝交易的机会，因此，为了能与明朝讲和，他宣称可以让明朝迎回英宗，但这时的景泰帝已经坐热了皇位，哪能轻易让把英宗迎回去呢。虽然有此想法，但朝中大臣都建议把英宗迎回来，景泰帝无奈，只得派遣使者先去探听情报，第二次派往瓦剌的使者名叫杨善，他变卖家产买了许多奇珍异宝，并靠着他的巧舌如簧，硬是在没有圣旨的情况下迎回了英宗，英宗皇帝终于结束了他一年的北狩，回到了北京。

英宗回到北京，并没有受到应有的礼遇，而是在短暂的仪式之后被软禁在南宫，开始了他七年的软禁生活。景泰帝害怕英宗复辟帝位，将南宫的大门上锁并灌铅，加派锦衣卫看守，为了避免有人与英宗联系，景泰帝还派人将南宫的树木全部伐光。英宗就在惊恐与饥饿中度过了七年的软禁生活。

公元1457年（大明景泰八年）正月，五清侯石亨、宦官曹吉祥利用景泰帝得重病的机会，发动了震惊历史的"夺门之变"，将软禁于南宫的英宗迎了出来。英宗重新登上了皇位。景泰帝也于一个月后病死，之后被以亲王的身份礼葬在了北京西山。

英宗复辟后，在石亨和曹吉祥的极力劝说下，以谋逆罪冤杀了北京保卫战的功臣于谦、大学士王文等，这成为他人生的一大污点。他虽然有这一点错误，但还是比较英名的君主，他后来任用了李贤、王翱等贤臣，先后平定了石、曹之乱，并将永乐朝就开始被囚禁的"建庶人"（建文帝的儿子）释放，恢复宣德朝胡皇后的称号，下旨停止帝王死后嫔妃的殉葬，使得明朝帝王以活人殉葬的习俗得以结束。

1464年（大明天顺八年）正月，英宗皇帝朱祁镇病逝于文华殿，享年38岁。

明世宗朱厚熜

明世宗（1507—1566年），名朱厚熜，明宪宗朱见深的孙子，明武宗朱厚照的堂弟。1507年，他出生于藩国安陆（今湖北钟祥），是明代第11位皇帝。

1521年3月明武宗病死，在皇太后和内阁首辅杨廷和的辅助下，武宗的堂弟朱厚熜继承皇位，第二年改年号为"嘉靖"，史称"明世宗"。

明嘉靖帝即位后，下诏废除了武宗时的弊政，诛杀了佞臣钱宁、江彬等，使朝政为之一新。嘉靖二年（1523年），天气反复无常，明世宗听信太监崔文瞅的逸言，开始迷信，设坛祭天，祈求避祸。他还开始崇信道教，好神仙老道之术，并一心求长生不老之术。他派人到处搜罗秘方，使得许多为嘉靖

皇帝撰写青词（道教仪式中向上天祷告的词文）的人员入阁成为宰相。严嵩就是其中的代表人物，他善于写青词，善于揣测皇帝的心思。因此尽管嘉靖皇帝对严嵩的贪赃枉法了然于心，可就是不舍得处理他，由严嵩主持朝政，自己则深居皇宫专心于成仙修道。严嵩立朋党，除异己，造成兵备废弛，财政拮据，社会危机日益加深。

而在东南沿海，由于权臣的误国，使得海防十分空虚，一些重要地段的士兵仅有原来的三分之一，战船十存一二，致使日本海盗大举进犯。仅明嘉靖三十一年（1552年）以后的三四年间，江浙军民被倭寇杀害的就有数十万人。这是东南沿海倭患最为严重的时期。虽然最后东南沿海的抗倭斗争取得了决定性的胜利，涌现了像戚继光、于大猷等著名抗倭将领，也不能抵消嘉靖帝的过失。

明世宗统治后期，他听信方士们告诉他用每天早上的露水炼丹效果很好，可以长生的谗言，组织了许多宫女清早为他采露，宫女们实在忍受不了，决定杀死嘉靖皇帝。1542年12月21日深夜，以杨金英为首的宫女们趁嘉靖皇帝熟睡之时，潜入他的寝室，按住嘉靖皇帝，用绳子勒住他的脖子，眼看就要大功告成，由于紧张宫女将绳子系成了死扣，怎么也收不紧，被一个婢女发现，跑出去报告皇后，皇后马上领人来救驾，嘉靖皇帝才免于一死。而宫女们全部被捕，几天后被凌迟处死。

尽管经过这次事件，明世宗还是执迷不悟，仍然坚持长期服用丹药，使得他不仅身体越来越差，而且脾气也变得越来越坏，许多大臣不是动辄被杀头就是廷杖，弄得朝廷人人自危。为了修炼，他又大肆建造宫殿，国库极度空虚。嘉靖四十五年十二月，明世宗因吃丹药中毒走完了他的人生道路，享年60岁。

明思宗朱由检

万历三十八年（1610年）十二月，光宗朱常洛第五子、熹宗朱由校之弟朱由检出生。天启二年（1622年），13岁的朱由检被熹宗封为信王。天启六年（1626年），朱由检前往信王府邸居住。次年八月，比朱由检仅大5岁的熹宗病逝。熹宗临死前没有子嗣，兄弟也只剩下朱由检一人。如此一来，熹宗便将他视为唯一的继承人。

朱由检在良师的指导下不仅有着端正的品行，而且擅长书法、弹琴等，在朝臣中的口碑很好。在这种情况下，朱由检顺理成章地登上了皇帝宝座。朱由检即位后，是为思宗。

光宗的悲惨命运和熹宗的英年早逝在给思宗带来创伤的同时，也使他养成了谨慎和警惕的习惯。谨慎和警惕使他成功铲除了天启年间以魏忠贤为首的阉党，体现出了他的英明果敢。

崇祯二年（1629年），思宗命令大学士韩爌等人了结阉党逆案，魏忠贤党的残余势力很快被剿灭。然而，就在这一年，山海关外的满洲人开始进攻明朝。此时的思宗没有因谨慎和警惕化解危机，反而因过度谨慎和警惕而犯了猜疑的毛病。满洲人正是看中了这一点，利用反间计使得思宗错杀了令满洲人感到畏惧、战功赫赫的袁崇焕，从而加速了明朝的灭亡。

正在思宗为抵抗满洲人忙得焦头烂额时，国内出现了大规模的农民起义。崇祯三年（1630年），陕西延安府米脂人李自成率领当地饥民起义，于崇祯九年（1636年）被推为闯王，于崇祯十七年（1644年）正月建国大顺。此后，大顺军继续攻打明军，很快逼近明都北京城。

思宗拒绝投降，李自成下达全面进攻的命令，大顺军于当晚攻破广宁门（广安门）。接着，德胜门、阜成

明思宗朱由检像

门、宣武门、正阳门、朝阳门均被攻破。思宗知道大势已去，匆忙来到煤山（今景山）上俯瞰，见整个北京城已经是"烽火彻天"，顿时觉得王朝末日来临。徘徊许久后，他回到乾清宫，然后秘密召来太子、永王、定王这三个儿子，嘱咐一番后命人保护他们秘密外逃。不久，皇后与他诀别后自缢。他几近崩溃，用宝剑杀死幼女昭仁公主，并砍伤了长女乐安公主。

三月十九日凌晨，思宗"鸣钟集百官，无至者"。心腹太监王承恩劝思宗乘天不明逃出京城，怎奈各城门均有大顺军把守。思宗带着沉重的心情重返皇城，在煤山自缢。思宗之死，宣告明朝彻底灭亡。

知识链接

不知去向的建文帝

明建文四年（1402年）六月，朱棣率燕军渡过长江，兵临城下。由于许多地方将领按兵不动，再加上齐泰、黄子澄借募兵为由，离京奔广德、苏州。这大大降低了建文帝取胜的可能。当时守卫金川门的谷王朱橞和大将李景隆在最后关头私自开门降燕，让燕军杀入城内，使建文朝廷走向了死亡。建文帝看到大势已去，又见警报迭传，便下令纵火焚毁皇宫。当朱棣杀入宫中，经过三天的搜寻，始终找不到建文帝。追问内侍，他们也不知建文帝是死是活，只知他下令纵火后就不见了踪影。皇后和大多数妃子、内侍都被烧死，内侍们怕朱棣不信，找了一具残骸说是建文帝的尸骨。朱棣命人从灰烬中拨出残骸，已是满身焦烂，四肢不全，分不清男女，只得下令以天子礼殓葬。

关于建文帝的生死，有一种说法是：建文帝下令纵火后，自己与少数随从从地道中逃出，乘船潜往云南，削去头发，改换僧装，自号应文，浪迹天涯。

第二节
清代名帝

清太宗皇太极

皇太极是太祖努尔哈赤的第八个儿子，生母叶赫那拉氏是叶赫部酋长杨吉砮的女儿，不仅美丽动人，而且待人宽厚，处事稳重，在努尔哈赤的妻、妾中很受努尔哈赤的恩宠。子以母贵，她所生的儿子也得到了努尔哈赤的疼爱。努尔哈赤家中有教育子女的专门教师，皇太极从小便受到了一定的文化教育。

明万历四十年（1612年）秋，年方21岁的皇太极就开始跟随父兄出征作战，皇太极出色的军事才干，就是在和父兄一起征战的戎马生涯中逐渐磨砺而成的。

努尔哈赤的长子褚英是一员疆场骁将，但褚英心胸狭窄，拥权自重，对自己的兄弟和群臣百般欺凌。皇太极等人忍受不过，禀报了努尔哈赤，努尔哈赤大为愤怒，下令监禁了褚英，后来又因有人告发他有篡位行为努尔哈赤将其处死。

褚英失势后，年轻的皇太极成为父亲的得力助手而不断受到重用。努尔哈赤于万历四十四年（1616年）称汗后在10多个子侄

皇太极像

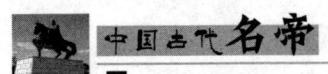

中,选定皇太极与次子代善、侄子阿敏、五子莽古尔泰为四大贝勒,佐理国家政务。皇太极没有辜负父亲对他的期望,积极参与政务、军事的谋划和决策。在进兵攻打抚顺时,向父亲巧献妙计,结果一举拿下了抚顺。在萨尔浒之战中,皇太极身先士卒,指挥若定,俨然成为一位智勇双全、部署有方的战将了。

战场上骁勇非常,处理政事时,皇太极更是头脑冷静、果断机敏,颇有全局观念。在努尔哈赤虑事不周之时,皇太极时常提出建议,把事情处置得更妥帖。

天命十一年(1626 年)八月,68 岁的努尔哈赤去世。经过诸兄弟子侄的共同协商,公推 35 岁的皇太极即汗位。皇太极推让再三后接受了众议,于九月一日登上了后金汗位,并决定从次年改元天聪。

后金东邻朝鲜,北接蒙古,西南面则是明朝。后金的积极扩张对明朝、蒙古和朝鲜都构成了直接威胁,使得它们对后金抱有很深的敌意。因此后金的政权也是四面受敌。皇太极继承汗位时,曾对当时面临的形势进行了分析:明王朝是皇太极最主要的敌人,但他考虑到明王朝的强大,采取议和的策略,先争取时间,再图大举;蒙古和朝鲜则是内顾之忧,必须先加以解决。

天聪元年(1627 年)一月,皇太极乘朝鲜发生内乱之机,派遣阿敏统率 3 万军队出征朝鲜,俘获了朝鲜王妃、王子和宗室大臣。朝鲜君主李棕走投无路,只得出城投降,与皇太极签订了城下之盟。朝鲜向清称臣,成为清的属国。接着,皇太极又发兵攻取了皮岛,全歼驻岛明军。至此,朝鲜完全控制在皇太极的手中。

蒙古部落众多,其中漠南蒙古地处明朝与后金之间,位置尤为重要,成为明与后金争夺的重点。皇太极对蒙古各部则采取软硬兼施的两手策略,以强大的武力为后盾,积极争取蒙古各部归属自己。对于归顺各部首领,皇太极一律予以优厚的待遇。漠南蒙古察哈尔部首领林丹汗恃强自傲,依仗明朝在政治、经济上的支持,坚决与后金为敌。后来,属下联合起兵反抗林丹汗的残暴统治,皇太极借此机会,召集漠南蒙古部落的一些代表在沈阳会盟宣誓,决定联合出兵,打败了察哈尔部。然后皇太极以盟主的身份征调科尔沁、喀喇沁、敖汉等部兵马,向西一直追击到阿尔泰山方才收兵。为了加强对归附的蒙古各部的控制,皇太极在这次西征后向各部颁布了从征军令,严申军纪,从而加强了军队的战斗力。

天聪六年(1632年),皇太极在昭乌达(今昭乌达盟)会集蒙古各部首领,再次调集蒙古各部兵马同八旗军一道大举西征。天聪八年(1634年),多尔衮率部剿灭了林丹汗的残部。从此,漠南蒙古完全被皇太极控制,明朝在蒙古一线受到了严重威胁。

皇太极雕像

朝鲜、蒙古归服后,皇太极的目标就是明王朝了。1628年,明天启帝死,崇祯皇帝上台,皇太极认为攻击削弱明王朝的时机已经到来,因此立即率领大军绕过了明军防御坚强的宁锦防线,取道蒙古南下。大军从喜峰口越过了长城,一直打到北京城下。回援的袁崇焕边军与皇太极在北京城下展开了激战,互有伤亡。皇太极在激战中施展反间计,多疑的崇祯帝果真逮捕了袁崇焕,并于第二年将他凌迟处死。皇太极并没有攻下北京城,他知道明朝国力尚未倾颓,只有加紧整顿军队,等待时机。他安排了永平、迁安等四城的防守,然后率军返回了沈阳。

为了消耗明王朝的有生力量,最终取而代之,皇太极采取边打边谈的政策。1634—1638年,皇太极又先后四次出兵进入明朝内地。由于明朝统治的腐败,后金兵在历次征战中往来驰骋,如入无人之境。许多城池遭到了清军的洗劫,尸首狼藉,甚至连水井中也填满了尸体。虽然皇太极曾多次申明军纪,但他发动战争的目的之一就是要掠夺损毁明朝的财物人口,最终达到极力削弱明王朝的目的。

在皇太极称帝前后,朝鲜、蒙古的威胁已经被解除,后金政权的肌体已经变得强健起来。在有利的形势面前,皇太极因势利导,最终抛弃了对明朝议和的幌子而转为力主征伐。明王朝也不甘心坐以待毙,一场双方酝酿已久的决战开始了。

崇德四年(1639年),下定决心的皇太极首先对松山发动了强攻,在明军的顽强抵抗下清军攻势受挫,尔后,皇太极又陆续增调人马逼近锦州,在城外挖掘深壕,将锦州城团团围困起来。明朝蓟辽总督洪承畴奉旨率领13万大军前来解锦州之围。洪承畴采取稳扎稳打、步步为营的策略，徐徐向锦州靠拢，多尔衮等人与明军几次交战，人马损失了很多。这时，锦州城中的明军乘机反扑，夺回了外城。皇太极得知这些消息，心急如焚。他拖着病体，亲自率领大军驰援前线，要与明军决一死战。

皇太极首先切断了明军的粮饷供应，把松山城和城外的明军一并包围起来。明军很快因军粮匮乏而军心动摇，许多将领都想突围奔回宁远。洪承畴别无他策，也只得孤注一掷，下令全军突围，伤亡极为惨重，松山城中的明朝副将夏承德降清，松山城失陷，洪承畴被俘。经过皇太极极力劝降，洪承畴最终在孝庄皇后的美貌和规劝之下，叩首归降了清。接着，锦州守将祖大寿也献城出降。皇太极取得了历时两年多的松锦战役决定性的胜利，明朝的精兵良将已经所剩无几，皇太极完全控制了关外的局势。

多年操劳政务和四处征战，已经耗尽了他的精力，崇德八年（1643年）八月的一个夜晚，皇太极在清宁宫内离开了人世，谥号"文皇帝"。

清世祖福临

清世祖，名爱新觉罗·福临（1638—1661年），太宗皇太极第九子，生于清崇德三年（1638年）。传说孝庄文皇后怀孕后，红光照身，盘旋如龙型。分娩前夜曾梦见神人抱着一个婴儿放入自己腹内，并告知是统一华夏之主。孩子生出来后，满室红光，并散发出奇异的香气，经久不散，孩子的头发也不是扒在头顶上，而是直立着。但这毕竟是传说，没有科学根据。

福临小时候天资聪颖，读书勤奋，爱好绘画，他画的小幅山水"写林峦向背，水石明晦之状"颇为时人称道，他的手指螺纹墨画《渡水牛图》意态自然，有笔墨烘染所不能到处，堪称一绝。他尤其擅长人物速写，有一次，他路见中书大臣盛际斯，忽然命令盛跪下，盛吓出一身冷汗。福临对盛凝目熟视片刻后，取笔草就一帧盛的小像，递给左右诸臣传阅，盛转惊为喜，请福临将小像赐给自己，福临笑而不答，随手将小像付之一炬。

崇德八年（1643年）八月十四日，清太宗皇太极突然病死。由于他没有立下诏书，所以由谁继承王位成为各位朝臣争论的焦点。有些人赞成让皇太极的长子肃亲王豪格继位，而有些人则赞成由皇太极的弟弟睿亲王多尔衮继

承，一时间争得不可开交。最后时为睿亲王的多尔衮提出拥立皇太极的第九子福临继位，此事才得到圆满解决。

崇德八年（1643年）八月二十六日，福临在沈阳即位，由其叔父多尔衮辅政。顺治元年（1644年）四月二十二日，多尔衮乘明将吴三桂和起义军李自成有矛盾的情况下，在明将吴三桂指引下，乘明亡之乱率清军进入山海关，击败了李自成的农民军，将清都迁往了北京。但不久，多尔衮因出塞射猎而死于塞外，14岁的福临提前亲政。

顺治帝亲政后，因不晓汉文汉语，在阅读诸臣奏章时，总是茫然不解。为此他发愤读书，很快就使自己的汉文文化得到了提高。但由于这时处于明亡的一个乱世时期，所以全国出现了新的抗清高潮。

为了能安定全国，顺治帝采取抚重于剿的策略。他采纳范文程等人的建议，设立兴屯道厅，推行屯田，并积极鼓励地主、乡绅招民垦荒。对地方官员制定《垦荒考成则例》，按垦荒实绩，分别予以奖惩。同年，编成《赋役全书》，颁布天下。这些措施使濒于绝境的农业生产开始有了转机。

顺治帝还对整顿吏治甚为关注，派监察御史巡视各地，惩治了一批贪官污吏。为了提高官僚机构的办事效能，他比较注意发挥汉官的作用。康熙十四年十一月，命吴三桂、赵布泰、罗托统领大军，向贵州、云南进发。很快，全国除地处东南沿海的郑成功之外，抗清武装力量基本被平定。

顺治帝还积极吸收了先进的汉文化，审时度势，对成法祖制有所更张，且不顾满洲亲贵大臣的反对，倚重汉官。为了使新兴的统治基业长治久安，他以明之兴亡为借鉴，警惕宦官朋党为祸，重视整饬吏治，推行与民生息的政策，为稳定社会、恢复经济、巩固清王朝统治政权做出了贡献。

但他少年气盛，刚愎自用，急躁易怒。顺治十八年（1661年）正月，顺治上早朝时，看起来神态还正常，身体健康。第二天早上，宫中养心殿却突然传出了他的死讯，享年24岁。但还有一种说法是，顺治多年来一直厌恶尘世。1660年秋，他所宠爱的黄妃病故后，哀伤不已，毅然放弃皇位，暗暗去五台山出家为僧，后来康熙还秘密地去看望过他。也有人说他的出家与董小宛有关，董小宛曾为冒辟疆的小妾，被洪承畴献给顺治为妃，后董小宛被皇太后赐死，顺治转而消极厌世，才去五台山出家为僧。

清圣祖玄烨

清圣祖爱新觉罗·玄烨,是清太宗皇太极之孙,清世祖福临(顺治帝)第三子。他是清朝入关后第二代皇帝。他在位61年,是我国封建社会杰出的封建君主,因其年号为康熙,故又称其为康熙帝。

1661年正月,24岁的顺治帝因天花辞世,皇太子玄烨即位,年仅8岁。顺治帝遗诏由索尼、苏克萨哈、遏必隆、鳌拜四大臣辅政,第二年改元康熙。

康熙帝亲政前,辅政的四大臣中,索尼年老多病,不甚管事。遏必隆处事圆滑,为回避鳌拜嚣张气焰,从不发表意见。苏克萨哈遇事常与鳌拜冲突,终于被鳌拜借故处死。鳌拜大权独揽,结党营私,专横跋扈,朝政日非。1669年,16岁的康熙铲除权臣鳌拜,开始亲政。

当时,平西王吴三桂、靖南王耿精忠(耿仲明之孙)和平南王尚可喜合成"三藩"。"三藩"各拥重兵,其中吴三桂兵力最强,军队不下7万人,耿、尚二藩合起来也有兵力两三万人。"三藩"总兵力相当于清朝八旗兵的一半,或接近一半。这对清朝中央政府是一个严重威胁。

清初对"三藩"的迁就,助长了"三藩"的嚣张气焰。"三藩"都把自己的辖区作为独立王国,强征关税,垄断盐铁,霸占土地,横行不法。他们权势日重,尾大不掉,严重威胁中央集权,康熙亲政后,以"三藩及河务、漕运为三大事",夙夜思虑,曾书而悬之于宫中柱上。可见,"三藩"已成为朝廷的心腹之患。

1673年三月,平南王尚可喜因年老多病,疏请归老辽东,提出由其子尚之信承袭王爵,继续留镇广东。

清圣祖玄烨像

康熙帝趁机令其全家迁归辽东,对其子袭爵留镇的要求,则根本不予考虑。同年七月,吴、耿二藩也疏请撤藩,以此向朝廷施加压力,同时也借此试探朝廷的真实意图。

康熙帝深知"三藩气焰日炽,不可不撤",而且"撤也反,不撤也反",于是果断下令撤藩。"撤藩"令一下,当年十一月,吴三桂便首先发动叛乱。他自称"天下都招讨兵马大元帅",蓄发、易服发布檄文,宣称"兴明讨虏",并迅速攻入湖南。1674年,靖南王耿精忠与平南王尚可喜之子尚之信,亦据福建、广东举兵叛乱,广西将军孙延龄以及四川、陕西、襄阳等地的提督、总兵也纷纷起兵响应。一时间,战火遍及滇、黔、闽、粤、桂、湘、鄂、川、陕等省。

康熙帝根据形势,制定了打击首恶、剿抚兼施的策略。对东南和西北两个战场,以抚为主,以攻为辅;对西南腹地的吴三桂势力,坚决打击,彻底铲除。吴三桂一发动叛乱,康熙帝即下令处死在北京的吴三桂的儿子吴应熊(娶清朝公主,为额驸)、孙子吴世霖,表示对吴三桂决无妥协的余地。同时发布诏书,分化、瓦解参加吴三桂叛乱的其他汉族军阀。

吴三桂引清兵入关,甘当清王朝的鹰犬,早就受到汉族人民的唾弃。因此,他起兵反清,得不到人民的有力支持。在战略上,他持重保守,不敢迅速渡过长江和清廷逐鹿中原,而是梦想与清王朝划江而治。这样,就让康熙帝赢得了组织反攻的宝贵时间。而且,清廷占据中原财赋重地,有雄厚的物质基础;而参加叛乱的汉族军阀,同床异梦,步调不一,首鼠两端。康熙帝运用安抚收买和军事镇压相结合的手段,使参加叛乱的耿精忠、尚之信、王辅臣等汉族军阀先后倒戈。不久,清廷又控制了广西、广东、福建、江西、陕西等省,形势对吴三桂极为不利。

吴三桂情竭势绌,孤注一掷,于1679年在湖南衡阳称帝,国号周,建元昭武,企图以此稳定人心,鼓舞士气。不久,吴三桂病死,其孙吴世瑶即位,退据昆明,1681年,城破自杀。历时8年的"三藩之乱"被彻底平息。

1683年六月,为了消灭割据台湾的郑经势力,康熙令大将施琅率战舰300艘、军士20000人,从福建出发,在澎湖海战中消灭了郑氏集团的主力,攻占了澎湖,台湾郑氏集团"莫不解体",郑克塽(郑经第二子)遣使乞降。八月,清军进驻台湾。郑克塽到北京后,受到康熙帝的接见,并封他和部下以官爵。康熙帝还特别下诏说郑成功、郑经不是"乱臣贼子",可以归葬南安。

1684年,清政府设台湾府,辖三县,隶属福建省,并在台湾驻军8000人,在澎湖驻军2000人。这些措施加强了台湾与大陆的联系,促进了台湾的开发,巩固了我国的东南沿海。

1643年,沙俄首次派遣以波雅科夫为首的殖民侵略者侵入黑龙江流域。1650年,以哈巴罗夫、斯捷潘诺夫为首的第二批殖民军再次侵入黑龙江流域。他们占据了雅克萨,修筑堡垒,构筑工事,作为进一步侵略我国的据点。同时,沙俄还派遣军队越过贝加尔湖向东进犯,侵占了尼布楚,在此筑城构堡作为进一步向黑龙江下游扩张的军事基地。

1683年,康熙帝设黑龙江将军,驻军瑷珲,并派军拔掉沙俄侵略军在黑龙江下游建立的几个军事据点。这为集中打击雅克萨之敌创造了条件。1685年春,清廷以彭春为统帅,派兵3000人向雅克萨开进。五月,彭春率军到达雅克萨城下,当即发炮攻城。俄军头目阿尔布津走投无路,宣布投降。清军准许他率残部退出雅克萨。当清军撤离雅克萨后,阿尔布津在得到援助后,又重返雅克萨,重新构筑工事,妄图长期固守。1686年六月,黑龙江将军萨布素奉命率军2000人,再次开赴雅克萨,同俄军激战两日,匪首阿尔布津被击毙,守城俄军伤亡惨重。在这种情况下,俄国被迫同意同我国就边界问题进行谈判,清军也奉命停止攻击。

1689年八月,中俄双方在尼布楚正式开始会谈。经多次交涉,在中方做了一定让步的情况下,九月,双方正式签订了《尼布楚条约》。这是中俄两国的第一个边界条约,是双方经过平等协商签订的。它从法律上肯定了格尔必齐河、额尔古纳河以东,外兴安岭以南,黑龙江流域、乌苏里江流域包括库页岛在内的广大地区都是中国的领土。康熙帝组织的雅克萨自卫反击战,维护了祖国领土的完整,保卫了东北边境的安全。

清初,我国西、北部居住的蒙古族共分为漠南蒙古(内蒙古)、漠北蒙古(外蒙古)、漠西蒙古三部分。其中,漠南蒙古早在清兵入关之前就隶属于清朝统治之下。后来,漠北蒙古和漠西蒙古也先后臣服于清王朝。

漠西蒙古的准噶尔部(原先游牧于伊犁河流域)在17世纪中叶逐渐强盛起来。当时,沙皇俄国正在疯狂向外侵略,他们极力想把漠西蒙古的人民及其所居土地攫为己有。为此，沙皇于1666年派"使团"到准噶尔部，对其首领僧格等人威胁利诱，要其归顺俄国，遭到拒绝，阴谋未能得逞。

1671年，噶尔丹杀死其兄僧格，夺取了准噶尔部的统治权。噶尔丹夺得汗位后，首先征服了漠西蒙古其他几部，占据了新疆北部，然后又进攻天山南路，控制了南疆的维吾尔族地区，形成了一个拥有60万人口的强大封建割据势力，其势力还渗透到青海、西藏地区。噶尔丹为了实现其割据一方的野心，遂与沙俄勾结起来。

1688年春，噶尔丹对外蒙古各部发动了突然袭击。在噶尔丹和沙俄里外夹击下，外蒙古各部很快败退下来，三部几十万人奔向漠南，请求清朝保护。康熙帝给予牲畜、茶、布等物资救济，把他们暂时安置在科尔沁地区，并命噶尔丹率众西归，退还外蒙三部的牧地。噶尔丹不听从清朝命令，于1690年又以追击外蒙古兵士为名，攻入内蒙，其前锋一直到了距北京仅900华里的乌珠穆沁。康熙帝决定分兵两路予以痛击，派裕亲王福全（康熙之兄）率军出古北口；派恭亲王常宁（康熙之弟）率军出喜峰口，最后会师乌兰布通。八月间，左翼军同噶尔丹军队在乌兰布通（今辽宁境内）发生了激烈的遭遇战。噶尔丹把10000多头骆驼捆住卧地，驼背上搭上箱垛，盖上浸湿的毡子，摆成一条防线，称"驼城"。主力部队从"驼城"垛隙放枪射箭，进行顽抗。清军用猛烈的炮火击破噶尔丹的"驼城阵"，噶尔丹逃出重围，幸免被擒。1695年，噶尔丹又率领3万人马沿克鲁伦河大举南犯，并扬言他背后有沙俄撑腰，已经从俄国借了6万鸟枪兵。1696年春，康熙帝力排众议，决定第二次亲征。他命将军萨布素率兵出东路迎头截击，命大将军伯费扬古率兵出宁夏为西路，断绝噶尔丹的退路，自己则亲率禁旅为中路，三路约期来攻噶尔丹，务期彻底歼灭。

康熙帝亲率大军，在克鲁伦河附近同噶尔丹的军队相对扎营。当时两军相距甚近，噶尔丹望见康熙的御营和清军的威武阵营，不禁为之胆寒，立即下令拔营逃跑。康熙帝亲自率军追击到拖诺山。当噶尔丹逃到昭莫多（在今乌兰布托以东）时，又同清军的西路大军相遇。在两军激战中，噶尔丹的军队几乎全军覆没，他仅率少数人死里逃生。康熙的第二次亲征又取得了巨大胜利。但是，噶尔丹没有死，这股叛乱势力并未根除。所以康熙一面分化噶尔丹控制的回部、青海、哈萨克诸部，并警告与噶尔丹狼狈为奸的西藏第巴桑结，一面限期噶尔丹到北京投降。

　　由于噶尔丹拒绝投降，1697年，康熙帝又进行了第三次亲征。当时，康熙在各部族中的工作成效甚大。因此，噶尔丹四面楚歌，处于"居无庐，出无骑，食无粮"的地步。原先追随噶尔丹叛乱的亲信们，也慑于清军威力，望风而降。最后，噶尔丹在走投无路、众叛亲离的困境中服毒自杀。至此，康熙平定噶尔丹叛乱的斗争宣告结束。

　　恢复和发展社会经济，也是摆在康熙帝面前的又一重大社会问题。经过几十年农民战争和清朝统一战争，全国土地荒芜，人丁缺少，财政收支入不敷出。为了巩固封建政权，迫切需要安定社会秩序，恢复和发展生产。康熙帝顺应这一社会需要，采取了一些有利于恢复和发展生产的措施。

　　在顺治年间，清朝就命令地方官吏招集流亡，开垦荒地，将各州县卫所的无主荒地分给官兵和流民屯种，但成效不大。康熙帝即位后，继续推行这一政策，要求地方官在5年之内垦完境内荒田。招徕的流民不论原籍和别籍，都编入保甲，新开垦的荒田给以印信执照，永准为业。这样，一部分被招垦的农民获得少量土地，由佃户变成自耕农。在"开垦无主荒地"的名义下，一些农民将明代藩王的大量庄田和战争中死散地主的荒田占据垦种。清朝对这种既成事实加以法律上的承认，规定"凡地土有数年无人耕种完粮者，即系抛荒。以后如已经垦熟，不许原主复问"。并宣布明藩王庄田改为"更名田"，归耕种之人所有。占有"更名田"的农民，只缴田赋，不再交纳地租，由过去的佃户变成占有土地的自耕农。这就提高了他们的生产热情，促进了社会经济的发展。

　　康熙年间，减免钱粮的次数和数量远远超过前代。在他执政的55年中，免天下钱粮3次，漕粮2次，遇有庆典、巡幸、用兵和水旱灾情，也都分别减免有关地方的钱粮。虽然，常常是官吏得到实惠，老百姓所得甚少，但对老百姓还是有好处的。除有少量土地的农民可以减免赋税外，无地农民也可以豁免本身丁钱。1710年，更明确规定：以后"凡遇捐免钱粮，合计分数，业户捐免七分，佃户捐免三分，永著为例"。1712年，宣布以上年丁额为准，以后额外增丁，不再加赋，叫"盛世滋丁，永不加赋"。这些措施在一定程度上减轻了人民群众的负担，有利于提高生产力水平，增加社会财富。

　　康熙一再向臣下宣布："朕恨贪污之吏，更过于噶尔丹。此后澄清吏治，

如平噶尔丹则善矣。"他说："凡别项人犯，尚可宽恕，贪官之罪，断不可宽。"又说："治天下以惩贪奖廉为要。"在他执政期间，惩办了山西巡抚木而赛、两江总督噶礼、太原知府赵凤诏等罪名昭著的大贪污犯，对陆陇其、于成龙、彭鹏等"操守廉洁"的清官则予以奖励和提拔。

1722 年十一月十三日，康熙病逝，享年 69 岁。康熙在统一国家、捍卫主权、发展生产、提倡文化等方面都做出了卓越的贡献。

清世宗胤禛

康熙六十一年（1772 年）十一月十三日，被康熙在世时认为"人品贵重，深肖朕躬，必能克承大统"的皇四子爱新觉罗·胤禛（雍正）登基即皇帝位。雍正登基时已经 44 岁，在位不满 13 年。尽管他的政绩不如父、子，但他仍不失为封建社会中一位智勇超群、长于谋略、颇有作为的君主。他承先启后，治邦安国，为"康乾盛世"谱写了自己的篇章。

雍正的生母乌雅氏，非满清贵族出身。雍正本人更非康熙的嫡长子，但从小康熙就很宠爱这个"四阿哥"，让他就读于宫中，给予严格的管教。雍正既学汉、满、蒙文和经史、书法，又学骑射、武术，还经常随皇父四处巡幸，增长历练。康熙三十五年（1696 年），他随康熙出征噶尔丹，掌管正红旗大营，开始参与军事。

雍正即位后开始着手整治朝臣朋党，两个重要目标是年羹尧和隆科多。当年，雍正内靠舅舅、一等侍卫、理藩院尚书、步军统领隆科多的威势，外恃定西将军、川陕总督年羹尧的兵力，继承了皇位，年、隆二人可称功高盖世。可后来他们以此为资本，专权骄纵，私名公行，朋比结党，肆意任用亲信，经

清世宗雍正雕像

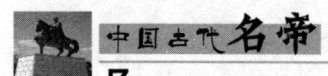

年羹尧和隆科多任用的官吏被时人称为"年选"、"佟选",而且妄自尊大,权力炙手,这是雍正绝对不能容忍的。雍正三年(1725年)十二月,他定年羹尧大逆罪、欺罔罪、僭越罪、狂悖罪、专擅罪、忌刻罪、残忍罪、贪黜罪、侵蚀罪,共92款,将其赐死。雍正五年(1727年),他定隆科多大不敬罪、欺罔罪、紊乱朝政罪、党奸罪、不法罪、贪婪罪,共42款,将其"永远禁锢"。次年六月隆科多死于禁所。

雍正对官场上的种种弊端有较多的了解,曾下决心予以整治。雍正元年正月初一日,他登基后第一个春节,作为君主他并没有沉溺于喜庆欢乐之中,而是连续颁布11道谕旨,告诫各朝廷命官廉洁自律,严禁文武官吏逢迎意指、暗通贿赂、侵渔克扣、营伍废驰、库银亏空、贪利废法等弊窦。不仅如此,他拿出自己的招数,整治贪官污吏,从严治官。他即位仅一个月,就通过户部下达了全面清查钱粮的命令,并在中央设立了稽查钱粮和主持报销的机构——会考府。凡经清查"出入之数"不相符的,限期三年内如数补足,不得苛派民间,如期不完全补足,重治不宥。经过这次大规模的清查,查出一批案件,惩办了一批贪官污吏。如户部库银亏空达250万两,涉及世族和高级官僚。雍正毫不留情,给予严惩。康熙十二子胤祹曾主管内务府,因为亏空,雍正同样责令其变卖家产偿还。内务府官员李英等人,冒支正项钱粮百余万两,也被抄家。一时因追归赃银而抄家籍没的事屡屡相见,因此,时人送雍正一个"抄家皇帝"的雅号。

雍正崇尚、信奉君权至上,"愿以一人治天下,不以天下奉一人"。他独揽朝纲,按照有利于高度集权的目的,改革行政机构,建立新制,把中国封建君主专制推上了顶峰。

他推行所谓"台省合一"的改革,把"传达纶音,稽考庶政"的谏官六科给事中交给督察院掌管。这样一来,六科给事中要整天奔波于巡视城、漕、盐、仓等,便无暇行使其"封还奏章"的职权。这就削弱了给事中"稽考庶政"的职权,使皇帝之命即所谓"纶音"能得到绝对尊崇。

扩大密奏范围,这是雍正为强化君主专制权力而推行的又一项新奇的措施。奏折本是封建君主与臣民之间的带有书信性质的往来文件。雍正上台后,觉得奏折可以进一步改造成为皇帝控制官员的一种手段。

雍正六年(1729年),他下令各省督抚大员可以密上奏折,后来又给提督以至学政密上奏折的权力，并特许一些低级官员以及与他关系亲近的人密奏权。随着密折范围的扩大，便形成了一套皇帝与奏折人直线联系的严密的行文制度。密奏内容大小事都有，主要是君臣筹商政务、官吏的考察与评价、地方绅民情况、提拔处分官员等。通过这种方式，雍正可以直接处理庶务，极大地强化了专制权力；可以更有效地控制内外官员，使他们相互之间各存戒心，互相牵制，不敢妄为。

雍正将临时性机构——军机房改为军机处，并使它成为一个超越内阁和议政王大臣会议的常设机构。军机处设军机大臣，下有秘书军机章京，人数及资历不限，主要看和雍正的亲密程度。雍正每天面授机宜，由军机大臣、军机章京写成文字，转发各地。其内容不仅限于战事军务和八旗事务，后来几乎涉及所有机要政务。而且，凡属军机处所寄东西，不经内阁审议，由朝廷直接寄出，封口处盖军机处印，保密性极强，投递速度也特别快。而军机大臣起的不过是皇上的传话筒的作用，天下庶务全部取决于雍正一人。这就进一步加强了皇权，也提高了行政效率。

雍正搞乾纲独断，天下庶务咸归一人，需要以坚强的毅力和充沛的精力作代价。雍正亲政勤政，日理万机，废寝忘食，而且精力过人，在中国封建帝王中实属罕见。他常常"以勤慎自勉"，也常常向他的臣僚们宣扬自己如何惜时如金，励精图治。他白天御殿听政，接见大小官员，批览奏章；晚上批阅各地秘报，而且每一份奏折，他都要亲自启封，从头到尾仔细阅读，并加以详细的指示，然后亲自密封上锁。

雍正继承其皇考康熙对边疆其他民族采取的恩威并举的政策，为维护国家统一做出了自己的努力。

雍正元年，青海罗卜藏丹津发动叛乱，西北骚动。第二年正月，四川提督岳钟琪率兵讨伐，攻占了青海湖周围的地区。二月从西宁向西进军，奇袭驻守在腾吉里克（今青海柴达木河下游）的丹津。当时丹津还睡在被窝里，得知清军到来，"人不及衣，马不及鞍"，惊慌中穿了一身女人服，只身逃奔准噶尔，青海遂告平定。

接着，清廷即派使臣至准噶尔，要求引渡丹津，其首领策妄阿拉布坦拒绝交出丹津。雍正五年（1727年），策妄阿拉布坦死，他的儿子噶尔丹策零继立。策零年少好战，不仅不交出丹津，而且领兵出击，杀害屯田新疆的清

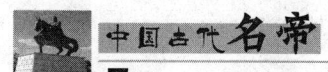

兵。雍正九年（1731年）五月，清靖边将军傅尔丹率兵讨伐策零，结果兵败和通伯（今新疆富蕴县东北），损失惨重。第二年七月，策零袭击清驸马和硕亲王策凌在塔米尔河（今蒙古国鄂尔浑河上游）的驻地。策凌率蒙古兵三万，袭击驻扎在光显寺（今蒙古国哈尔和林）的准噶尔军，策零梦中惊起，率部向西奔溃，逃回新疆。之后，又多次被清军打败，策零被迫讲和，西北边疆平定下来。

雍正四年（1726年），在西南云贵地区，雍正采纳云贵总督鄂尔泰废除世袭土司、改派流官治理的建议，改革自元、明以来在西南少数民族聚居地推行的土司制度，改任用流官，设立府县制，这就是"改土归流"。至雍正九年（1731年）"改土归流"的地区已达309处，"蛮悉改流，苗亦归化"，建置了许多府州县。这一措施适应了民族杂居扩大和民族融合发展的客观趋势，有利于巩固统一的多民族国家西南地区的疆域。

雍正十三年（1735年），清世宗暴毙于圆明园，时年58岁。

知识链接

清代的军机处

军机处是清代辅佐皇帝的政务机构。任职者无定员，一般由亲王、大学士、尚书、侍郎或京堂兼任，称为军机大臣。军机大臣少则三四人，多则六七人，被称为"枢臣"。清雍正七年（1729年），清军在西北与准噶尔蒙古激战，为及时处理军报，始设军机房，清乾隆即位后，改称总理处，三年（1738年）始名军机处。军机大臣由皇帝亲信的满汉大学士、尚书、侍郎等兼任。中经乾隆、嘉庆、道光、咸丰、同治、光绪，直至宣统三年（1911年）皇族内阁成立后裁撤，历时170余年。军机处职能原为承命拟旨，参与军务，随着时间的推移和条件的改变，军机处已不再是单纯的军事机构，逐渐演变为清代全国政令的策源地和统治中心，其地位远高于国家行政中枢的内阁。

清高宗弘历

乾隆皇帝弘历出生于公元 1711 年 8 月 13 日，公元 1735 年即位，公元 1795 年退位，在位 61 年。至公元 1799 年卒，享年 89 岁，是历史上年龄最大的皇帝，年号乾隆。

乾隆皇帝同他的祖父康熙皇帝一样，既是一个传奇式的人物，也是我国封建社会中很有建树的皇帝之一，还是我国封建帝王史上享年最高的皇帝。他即位时，清王朝经过康熙、雍正两朝 70 余年的治理，经济上出现了繁荣的景象。在此基础上，经过乾隆皇帝的努力，使清朝达到了强盛的极点。

乾隆中叶，全国的耕地面积已达到 700 万顷，比顺治末年增加了三分之一；人口也空前增加，到乾隆末期已经超过 3 亿。较为突出的是商业和城市日趋兴盛，资本主义开始萌芽。据史料记载，乾隆年间，扬州的商业十分发达，聚集了全国的商业大贾。乾隆南巡扬州时，曾有"广陵风物久繁华"和"广陵繁华今倍昔"的诗句，描绘了扬州的生意兴隆。

在武功方面，乾隆统治时期也极为强盛。乾隆皇帝先后两次平定准噶尔叛乱，一次回部叛乱，两次大小金川叛乱，并镇压了一次林爽文领导的台湾人民起义；与廓尔喀作战两次，其中缅甸、安南各 1 次。通过武功，使其都向清朝上表纳贡。为此，乾隆曾志骄意满地夸耀自己"十全武功"，自称"十全老人"。

乾隆皇帝即位后，便组织文人从（1773 年）乾隆三十八年到（1782

乾隆皇帝弘历

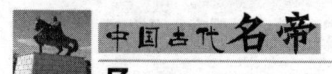

年）乾隆四十七年，编辑了中国封建时代空前绝后的《四库全书》。"四库"二字，最早是唐朝魏征提出来的。乾隆皇帝一向喜欢贪大求全，亲自给这部书取名《四库全书》。

为编好这部书，朝廷开设四库全书馆。乾隆皇帝任命皇室郡王及大学士为总裁，六部尚书及侍郎为副总裁。实际上主要的校纂者是总纂官纪昀、陆锡熊和总校官陆费墀，而以纪昀出力居多。为了编写《四库全书》，乾隆组织了360余名文人，其中不少是当时著名的学者，如戴震、邵晋涵、姚鼐、朱筠、王念孙等。

在编写中，他们把过去的敕撰本、内府本、永乐大典本、各省采购采访本、私人进献本及国内一些通行的流传本，统统集中起来重新校勘，按经、史、子、集四部，分门别类加以整理汇编，该刻印的刻印，该抄存的抄存。明清两朝政府编辑的实录、正史、政书、会典、方略、方志、目录、诗文总集等图书，大部分也收入《四库全书》之内，总计收入3503种（也有的说是3461种），79337卷，装订成36275册；存目6766种，9355卷；仅抄写人员就有1500人之多。

我国图书典籍非常丰富，真可说是汗牛充栋，浩如烟海。《四库全书》虽然不可能将天下的书籍一一尽收，但朝廷不惜工本，聚集相当的人力从事规模巨大的编纂工作，将各种已刊未刊的书籍，尽力搜集，其中有不少珍本秘籍。它对我国古代图书的保存，学术文化的发展，是很有功绩的。

乾隆推行有刚有柔的治国之道，安定了社会秩序，进一步巩固了统治地位。在经济方面，他认为"民为邦本，食为民天"，"务本足国、首重农桑"。历史的经验也使他深知，年景丰歉，粮价涨落，不仅关系到社会秩序的好坏，也直接关系到其统治地位能否巩固。

为此，他把发展和保护农业生产，作为治理国家的根本之道。首先，乾隆皇帝为发展生产，比较关心民众的疾苦。如哪里受了灾，他便亲临灾区踏勘，减免灾区的赋税，及时下令开仓赈济等；其次，乾隆提倡开垦荒地，免其"升科"；再次，乾隆注意提高耕作技术，要求民众植树造林，以保水土，训勉各地官员不误农时；最后，他还重视兴修水利，特别注意治理黄河，以预防水灾的发生。所有这些，对促进农业生产的发展，都产生了重大作用。

第六章 明清时期的名帝

乾隆皇帝之所以自称文治武功为古今第一人，是因为他不但在治国之道上卓有成效，而且在"武功"方面，即在平定叛乱、安边固防上也有重大功绩。他先后有：两次平定准噶尔之役、回疆之役，大、小金川之役，两次廓尔喀之役和缅甸、安南之役等，计10余次。这10余次战役，对国内边境少数民族的平叛战争，都取得了胜利，对外战争也都以邻国请和而结束。

清初的几个皇帝，一方面重视、笼络知识分子，另一方面对不利于其统治地位的思想文化，则严加禁锢。因此，早从康熙、雍正时起，就开始搞起文字狱来，到了乾隆时期，竟兴了70余次文字狱。所谓文字狱，就是统治者由于挑剔文字上的过错而兴起的大狱，即捕风捉影地罗织罪名，滥杀无辜。

此外，乾隆皇帝还多次颁布禁令，派人四处搜求遗书，对于那些不利于清朝统治的"异端邪说"，一律加以查禁、销毁，私藏禁书者重罚。据统计，仅从乾隆三十九年至四十七年的8年中，全国毁书24次，538种，13862部。乾隆大兴文字狱的目的是为维护其统治地位，但它起着禁锢思想、钳制言论，摧残人才的恶劣作用，其后果是严重的，造成了政治上和学术上的窒息局面。

乾隆皇帝尽管是个有道之君，但也不可避免地带有其他封建帝王挥霍淫逸的本质。乾隆皇帝为了追求享受，大修避暑山庄，所费亿万；大修圆明园，也不下亿万。乾隆皇帝6次南巡，又5次巡幸五台山，5次告祭曲阜，7次东谒三陵，2次巡游天津，1次登嵩山，1次游览正定，多次避暑热河，加之"十全"用兵，又耗费12000万两以上。

有人说，乾隆皇帝好像一个纨绔子弟，得了先人的遗产，穷奢极欲，富丽堂皇，成了清朝由盛转衰的枢纽。实际上，到乾隆末年，多年丰盈的库府几乎挥耗一空，形势急转直下，使盛极一时的清王朝开始走下坡路了。

乾隆皇帝在位之初，就曾焚香告天，发誓"若得60年，即当传位于嗣子。"乾隆一共三次密定储位。前两次，所定皇子都先后夭折了；第三次，密立的是第十五子嘉亲王颙琰。1795年，乾隆当了60年皇帝后，于9月宣布明年退位。第二年正月，乾隆皇帝举行了内禅之典，让位给颙琰，即嘉庆皇帝，这就是清仁宗。乾隆从此自称太上皇，于1799年（嘉庆四年）病逝，享年89岁。

清仁宗颙琰

清仁宗，名爱新觉罗·颙琰（1760—1820年），乾隆皇帝第十五子。清代入关后第五代皇帝，生于乾隆二十五年（1760年）。幼年时颙琰生活在乾隆盛世中，享受了皇家所有的幸福。本来他是不会被立为太子的，只是因为在乾隆的皇子中，不是年纪轻轻死去，就是对皇位不感兴趣，还有的怕招来杀身之祸而不愿接受皇位的继承。

当初，在雍正皇帝在位期间，乾隆皇帝的第二子出生了，这个婴儿是乾隆帝嫡福晋所生。由于清代以前的皇帝没有一位是嫡长子，所以雍正皇帝非常重视这个孙子，并亲自赐名永琏，暗示在乾隆之后立他为皇帝。乾隆皇帝即位后，马上将传位永琏的诏书放在了正大光明匾后，谁知永琏并不是当皇帝的命，只活了9年就离开了人世。

其后不久，皇后又生下了皇七子永琮，一心完成祖先遗愿的乾隆皇帝，马上决定立这位嫡子为太子。谁知传位永琮的诏书刚放到正大光明匾后，2岁的永琮也离开了人间。连丧两子的乾隆皇帝，再也不敢立嫡子为太子，更不敢将传位诏书放在正大光明匾后了。

就这样，乾隆皇帝只得任庶出的皇子中选择了忠厚老实的颙琰，而且，为了不让老天夺走他这个儿子，乾隆帝一直没敢宣布立他为太子。直到即将禅位的前一年，才正式公诸于众。乾隆六十年（1795年）底，乾隆将皇位禅让给皇太子颙琰，史称"嘉庆帝"。

嘉庆即位后，政事仍由乾隆决定，嘉庆四年（1799年）乾隆病死后，他

爱新觉罗·颙琰

才开始了亲政道路。亲政后的第六天,他就逮捕了和珅,抄了他的家。从他家抄出家财约白银10亿两,不久便将和坤处死。

为了能够解决乾隆后期的种种弊政,他想通过改革来达到解决的目的,然而由于这时的土地高度集中在大地主大官僚的手中,农民大都被沦为佃农、雇农,再加上吏治腐败,贿赂公行,武备废弛,军无斗志,各地农民起义纷纷爆发,使得嘉庆帝无法实行他的政治构想。仅嘉庆元年,今四川、湖北地区爆发白莲教起义就历时9年,其面积遍及四川、湖北、陕西、甘肃、河南五省,虽然得到了平息,但耗资近2亿两白银,相当于清政府四年的财政收入,使得清王朝的元气大伤。同年,又有黔、湘地区的苗民起义,嘉庆十八年,天理教组织京师、河南、山东等地教众起义,京师一支并曾攻入紫禁城,京师为之震动。十九年,陕西三才峡木工因失业乏食,也发动起义。另外,东南海上也有蔡、朱等领导的反清起义,使得嘉庆帝统治时期社会达到特别混乱时期。

到了嘉庆帝后期,由于实行闭关锁国政策,使得英国为改变对华贸易的不利局面,相继派出马戛尔尼使团和阿美士德使团来进行对话。由于礼节问题而没有进行,此后,英国利用鸦片贸易来抵消贸易逆差。嘉庆帝觉察到鸦片的危害,于嘉庆五年禁止鸦片进口,以后又不断采取禁烟措施。但因禁令不严,鸦片贩子又通过贿赂和走私手段,一些与鸦片利益有关的官员加以阻挠,鸦片输入反而连年激增,从而给中国人民和中国社会造成严重灾难。

嘉庆一生,曾经遭逢两次宫变。嘉庆八年(1803年)闰二月二十日,嘉庆从圆明园返回大内,将进顺贞门,突然有一汉子冲出行刺,嘉庆的随从100多人一时被惊呆,亏得在场的几个亲王卖命格斗,才将刺客擒住。原来,他叫陈德,是个平民,因贫困无告,愤恨统治阶级的压榨,才舍身潜入皇宫,准备刺杀皇帝。事后,陈德一家被残杀。

嘉庆十八年(1813年)九月,嘉庆离宫北去木兰狩猎。这时京郊林清领导的一支天理教农民起义军,决定乘清朝的王公大臣外出迎接嘉庆回宫,宫中空虚之日,攻占皇宫,推翻清王朝。九月十四日,起义军扮成商贩,暗藏武器,混进京城,和皇宫内的部分太监取得联系后,于十五日中午发动起义,冲入西华门,沿皇道直扑隆宗门。皇宫护卫军忙关闭大门。起义军转而从养心门对面南墙外,攀援树木,爬上墙头,被皇次子曼宁率领清军用火枪击败。

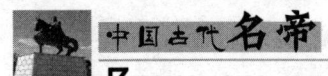

事后，嘉庆心有余悸，下令将宫内树木全部伐掉。后代皇帝从祖训，也不重新种植树木，致使今日故宫古树罕见。嘉庆二十五年（1820年）七月，嘉庆再次去木兰游猎，驻于避暑山庄。先是头痛发热，之后病情日益严重，嘉庆知道不好，连忙宣召大臣赛冲阿、托津等入室，宣布立即传位于皇次子旻宁，二十五日死于避暑山庄，享年61岁。

图片授权

全景网

壹图网

中华图片库

林静文化摄影部

敬 启

本书图片的编选，参阅了一些网站和公共图库。由于联系上的困难，我们与部分入选图片的作者未能取得联系，谨致深深的歉意。敬请图片原作者见到本书后，及时与我们联系，以便我们按国家有关规定支付稿酬并赠送样书。

联系邮箱：932389463@qq.com

参考书目

1. 刘辉等．中国名帝正传［M］．西安：三秦出版社，2012．
2. 李功豪．中国皇帝［M］．上海：上海大学出版社，2012．
3. 史明月．历史上最有争议的皇帝［M］．北京：金城出版社，2012．
4. 善从．中国皇帝全传［M］．北京：中国华侨出版社，2011．
5. 晏振宇．中国皇帝传［M］．北京：中国人事出版社，2011．
6. 蒋钦军．另类皇帝［M］．北京：商务印书馆，2010．
7. 解力夫．正说中国历代开国皇帝［M］．北京：新华出版社，2009．
8. 张建安．解读皇帝遗嘱密码［M］．天津：天津古籍出版社，2009．
9. 喜子．中国皇帝［M］．上海：大众文艺出版社，2008．
10. 殷登国．皇帝的故事［M］．北京：当代世界出版社，2008．
11. 苏同炳．中国历史上最具特色的皇帝［M］．上海：百花文艺出版社，2008．
12. 陈书凯．王者之道——图说影响中国历史的十五大皇帝［M］．哈尔滨：哈尔滨出版社，2007．
13. 邹元初．中国皇帝——中国历史人物丛书［M］．北京：华文出版社，2007．
14. 胡红英，张洁洁，宋立达．天地英才：中国历史上最有作为的20位皇帝［M］．北京：金城出版社，2006．

中国传统民俗文化丛书

一、古代人物系列（9本）
1. 中国古代乞丐
2. 中国古代道士
3. 中国古代名帝
4. 中国古代名将
5. 中国古代名相
6. 中国古代文人
7. 中国古代高僧
8. 中国古代太监
9. 中国古代侠士

二、古代民俗系列（8本）
1. 中国古代民俗
2. 中国古代玩具
3. 中国古代服饰
4. 中国古代丧葬
5. 中国古代节日
6. 中国古代面具
7. 中国古代祭祀
8. 中国古代剪纸

三、古代收藏系列（16本）
1. 中国古代金银器
2. 中国古代漆器
3. 中国古代藏书
4. 中国古代石雕
5. 中国古代雕刻
6. 中国古代书法
7. 中国古代木雕
8. 中国古代玉器
9. 中国古代青铜器
10. 中国古代瓷器
11. 中国古代钱币
12. 中国古代酒具
13. 中国古代家具
14. 中国古代陶器
15. 中国古代年画
16. 中国古代砖雕

四、古代建筑系列（12本）
1. 中国古代建筑
2. 中国古代城墙
3. 中国古代陵墓
4. 中国古代砖瓦
5. 中国古代桥梁
6. 中国古塔
7. 中国古镇
8. 中国古代楼阁
9. 中国古都
10. 中国古代长城
11. 中国古代宫殿
12. 中国古代寺庙

五、古代科学技术系列（14本）

1. 中国古代科技
2. 中国古代农业
3. 中国古代水利
4. 中国古代医学
5. 中国古代版画
6. 中国古代养殖
7. 中国古代船舶
8. 中国古代兵器
9. 中国古代纺织与印染
10. 中国古代农具
11. 中国古代园艺
12. 中国古代天文历法
13. 中国古代印刷
14. 中国古代地理

六、古代政治经济制度系列（13本）

1. 中国古代经济
2. 中国古代科举
3. 中国古代邮驿
4. 中国古代赋税
5. 中国古代关隘
6. 中国古代交通
7. 中国古代商号
8. 中国古代官制
9. 中国古代航海
10. 中国古代贸易
11. 中国古代军队
12. 中国古代法律
13. 中国古代战争

七、古代文化系列（17本）

1. 中国古代婚姻
2. 中国古代武术
3. 中国古代城市
4. 中国古代教育
5. 中国古代家训
6. 中国古代书院
7. 中国古代典籍
8. 中国古代石窟
9. 中国古代战场
10. 中国古代礼仪
11. 中国古村落
12. 中国古代体育
13. 中国古代姓氏
14. 中国古代文房四宝
15. 中国古代饮食
16. 中国古代娱乐
17. 中国古代兵书

八、古代艺术系列（11本）

1. 中国古代艺术
2. 中国古代戏曲
3. 中国古代绘画
4. 中国古代音乐
5. 中国古代文学
6. 中国古代乐器
7. 中国古代刺绣
8. 中国古代碑刻
9. 中国古代舞蹈
10. 中国古代篆刻
11. 中国古代杂技